이건의

재미있는
미국소방이야기

이건의 **재미있는**
미국소방이야기

초판 1쇄 인쇄 2018년 1월 8일
지은이 이 건
펴낸이 이승훈
펴낸곳 해드림출판사
주 소 서울 영등포구 경인로82길 3-4(문래동1가 39)
　　　　센터플러스빌딩 1004호(우편 07371)
　　　　　전 화 02-2612-5552
　　　　　팩 스 02-2688-5568
　　　　　E-mail jlee5059@hanmail.net

등록번호 제87-2007-000011호
등록일자 2007년 5월 4일

ISBN 979-11-5634-245-8

북디자이너 _이정규

이건의 재미있는

재미있는
미국소방이야기

해드림출판사

자신의 모든 것을 아낌없이 내어주는 사람

소방관 박승균
『골든타임 1초의 기적』 저자

처음 읽는 미국소방이야기!

미국소방은 과연 어떤 모습일까?

이 책을 읽으면서 재미있는 부분에서는 미소가, 가슴 아픈 이야기에서는 가슴이 먹먹해 온다.

마지막 책장을 덮을 때에는 '역시 미국소방관들도 우리 소방관들과 크게 다르지 않구나! 하지만 소방관의 처우는 참 부럽다!'라는 생각을 하게 된다.

저자 이건은 참으로 마음이 따스한 사람이다.

오직 한 생명을 살리는 일이라면 자신의 모든 것을 아낌없이 내어주는 사람!

그의 뜨거운 마음이 고스란히 담겨있는 책이다.

소방관을 바로 알고 싶다면 이 책을 꼭 읽기를 권한다.

소방관은 사람을 살리는 전문가입니다.

6·25 전쟁을 치르고 불과 60년도 채 되지 않아 선진국으로 도약한 대한민국. 하지만 고도의 압축 성장이라는 화려한 이면에 드리워진 그늘의 부작용으로 우리는 혹독한 신고식을 치르고 있다. 특히 안전의 기본과 원칙이 무너지면서 2014년 세월호 참사, 2015년 메르스 사태, 2016년 돌고래호 사고, 2017년 선창1호 사고 등 여러 재난 앞에 대한민국은 힘없이 무릎을 꿇고 말았다.

2017년 드디어 소방인들의 오랜 염원이었던 소방청이 만들어지고 이제 새로운 항해를 시작한다. 이 칼럼은 소방관들의 천국이라고 불리는 미국소방의 사례를 통해서 안전한 대한민국을 위한 소방의 역할과 미래 비전을 제시하고 있다. 아울러 사람을 살리는 전문가로서 소방인의 자부심과 행복한 삶에 대한 예리한 성찰이 고스란히 녹아 있다.

2017년 12월 저자 **이 건**

For My Family and All the Firefighters with Love

[순직소방관에게 올리는 편지]

출동 벨 없는 천국에서 편히 쉬소서!

어려움에 처한 사람들이 부르는 곳이라면 자신의 한목숨 생각하지 않고 달려간 당신은 삶의 계산이 매우 서투른 사람입니다.

희미하게 꺼져가는 한 생명이라도 더 찾기 위해 뜨거운 불길도 마다하지 않은 당신은 참으로 고집불통인 사람입니다.

다른 사람들을 구하기 위해 정작 자신의 가족조차 마음껏 사랑하지 못했던 당신은 정말 모진 사람입니다.

어렵고 힘들어도 묵묵히 일했던 바보 같은 사람!

식사하다가 혹은 잠을 자다가도 출동 벨 소리에 벌떡 일어나 뛰어나갔던 자랑스러운 당신이 바로 나의 아버지요, 아들이요, 사랑하는 가족이었습니다. 그래서 우리는 그대를 더 많이 믿고 의지했었는지도 모르겠습니다.

죽어가는 사람들에게 자신이 가진 생명의 시간을 나누어 주고, 자신의 한 몸도 무거울 텐데 다른 이들을 등에 업고 또 품에 안고 나오는 그대 덕분에 많은 이들이 절망 속에서 새로운 희망을 보았습니다.

그러나 신께서 주신 숭고한 소명을 마무리해야 하는 생사의 문턱에서 당신은 얼마나 외롭고 또 두려웠을까요?

당신과 함께 있어 주지 못해서 미안하고 또 당신이 편하게 쉴 수 있도록 보듬어 주지 못해서 죄송합니다.

하지만 다시 태어나도 소방관이 되겠다고 고집부릴 사람이라는 것을 잘 알기에 오늘 우리는 이 자리에 모여 당신의 고귀한 선택을 존중하며 그 숭고한 마음의 길을 따르고자 합니다.

죽음의 두려움 앞에 절대로 굴복하지 않는 사람!

그래서 소방관은 아무나 할 수도 없고 또 아무나 되어서도 안 되는 일인가 봅니다.

그대들이 지켜주신 대한민국!

그 대한민국이 이제는 당신의 가족을 돌보겠습니다.

부디 출동 벨이 없는 천국에서 아무 걱정하지 말고 편히 쉬소서.

그리고 누군가가 다치거나 순직하지 않도록 하늘에서도 우리의 손을 꼭 붙잡아 주소서.

차례

Part III

이건이 만난 사람들

길 위에서 대한민국 소방을 만나다

이건의

재미있는 미국소방이야기

Part 1

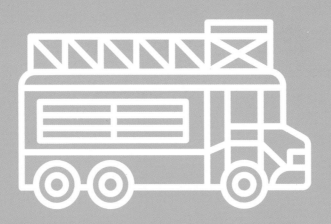

벤저민 프랭클린과 조지 워싱턴의 공통점

_의용소방대원이었던 미국 건국의 아버지들

유명한 저술가이자 100달러 지폐의 주인공이기도 한 벤저민 프랭클린, 초대 대통령 조지 워싱턴, 보스턴을 대표하는 맥주 브랜드 주인공 사무엘 애덤스, 그리고 3대 대통령이었던 토마스 제퍼슨.

이들에게는 몇 가지 공통점이 있다.

그것은 바로 그들 모두가 1800년대 후반 미국 혁명 시대에 영향력을 발휘했던 건국의 아버지(Founding Fathers of the United States)이자 지역 안전을 선도했던 의용소방대원 출신이라는 점이다.

한 나라의 리더들이 소방대원 출신이라는 사실은 대단히 놀랍고 부러운 일이 아닐 수 없다.

'재난에 강한 나라' 미국. 그리고 그 미국을 안전하게 지켜주는 소방대원들의 정체성을 더욱더 깊이 있게 이해하기 위해서는 아무래도 초기 이주민들의 역사를 이야기하지 않을 수 없다.

1607년 한 무리의 영국인들이 세 척의 배를 나눠 타고 새로운 세상을 찾아 대서양을 횡단하는 위험한 항해를 시작한다.

무려 5개월 가까이 소요된 여정의 끝에 도착한 곳이 바로 오늘날 미국 동부 버지니아주에 위치한 한 해변이다. 첫 번째 영국인들의 정착촌이 된 제임스타운(Jamestown)은 그렇게 시작된다.

하지만 아무도 살지 않는 땅인 줄 알았던 그곳에는 이미 1만 4,000여 명이 넘는 인디언들이 살고 있었고, 지금보다도 훨씬 추운 날씨와 척박한 환경은 그들의 도전을 쉽게 허락하지 않는다.

식량부족, 추위, 질병으로 초기 정착민의 사망률은 자그마치 6명당 1명꼴로 높았으며, 특히 초기 이주민들을 괴롭혔던 것은 다름 아닌 화재였다.

1608년 제임스타운에서 발생한 화재는 마을 전체를 삽시간에 삼켜 버렸으므로 어떻게 화재를 예방하고 진압하느냐는 그들에게 생사가 걸린 중요한 문제였다.

곧 부유한 상인, 전문직 종사자, 그리고 안전을 챙기는 리더들이 자발적으로 모여 자신들의 돈으로 직접 장비를 구매하고 지역사회의 안전시스템을 구축하면서 미국소방의 탄탄한 근간이 마련된다.

이런 선구자적인 역할을 해 준 사람들 중에는 벤저민 프랭클린, 조지 워싱턴, 사무엘 애덤스, 토마스 제퍼슨도 들어 있다. 특히 벤저민 프랭클린과 조지 워싱턴의 역할은 주목할 만하다.

벤저민 프랭클린은 1736년 필라델피아에서 '유니언 파이어 컴퍼니(Union Fire Company)'라는 최초의 의용소방대를 조직하고 자신 또한 의용소방대원으로 활약한다.

한편 그는 자신이 직접 발간한 신문 '펜실베이니아 가제트(Penn sylvania Gazette)'를 통해 화재 예방에 관한 기사도 쓰면서 안전시 스템 구축에 앞장선다.

필라델피아 주에 위치한 Union Fire Company 표지판

의용소방대원으로 활약했던 조지 워싱턴 대통령 삽화 (출처: Aurora Regional Fire Museum)

초대 대통령이었던 조지 워싱턴 역시 젊은 시절 2년 동안 의용 소방대원으로 활동한 바 있으며, 대통령이 된 이후에도 자주 소방서를 방문해 소방대원들과 장비 개발에 관한 이야기를 나눌 정도로 안전에 높은 관심을 가졌다고 전해진다.

이런 전통은 오늘날까지 자연스럽게 이어지면서 미국의 안전이 깊게 뿌리를 내릴 수 있도록 하기 위한 올바른 리더의 역할을 고민하게 만들어 주었고 소방대원의 정체성과 자부심을 형성하는 원동력이 돼 주었다.

1800년대와 달라진 점이 있다면 안전의 리더가 정치인에서 전문 소방대원으로 바뀌었다는 것이다.

그래서 미국의 소방대원들은 단순히 돈벌이를 위한 수단이나 혹은 직업적 안정성을 위해 소방대원이 되려고 하는 것이 아니라 안전한 지역사회를 선도하는 리더로서 자신의 열정과 재능을 나눈다는 소명의식을 가지고 소방에 입문한다.

그리고 미국의 시민들과 정치인들은 그들의 결정을 존경하고 예우하는 일에 최선을 다한다.

하지만 우리의 경우는 아주 다르다.

지난 2013년 당시 박근혜 대통령 취임식 행사장 정리와 청소에 비번인 소방관들을 동원한 사례, 그리고 2016년 초에는 국민안전처 고위 간부가 병원에 입원했다며 소방관들에게 순번을 부여해 병실 앞을 지키게 만든 일 등은 아직도 우리 사회 리더들의 안전의식 수준을 짐작하기에 충분하다.

겉으로는 안전을 외치면서도 속으로는 다른 마음을 가지고 있는 소위 '무늬만 안전'을 외치는 리더들이 여전히 우리 사회에 존재한다. 그러면서 미국처럼 안전리더의 역할을 소방관에게 양보하지도 않은 채 오히려 그들 위에 군림하려고만 한다.

진정한 리더라면 미국의 리더들처럼 어떤 것이 국민의 안전을 위한 최선인지를 항상 고민해야 하지 않을까?

미국엔 특별한 소방대 자동차 번호판이 있다
_자부심과 기부라는 두 마리 토끼를 잡는다

국적을 막론하고 소방관들의 직업에 대한 애정과 자부심은 남다르다. 그중에서도 미국 소방대원들의 유별난 직업 사랑에는 혀를 내두를 정도다.

50개의 주가 모여 하나의 거대한 연합국가를 이루고 있는 나라 미국. 미국은 각 주별 다양성을 통해 새로움을 창조하고 독특한 개성을 표현한다.

이런 특징은 무려 3만 개가 넘는 소방서의 모습이 전혀 획일적이거나 진부하지 않다는 데에서 찾아볼 수 있다.

각 주와 지자체 소속의 소방서들이 마치 서로 경쟁이라도 하듯 명예와 자부심으로 수놓은 화려한 유니폼은 같은 듯 다르고, 번쩍번쩍 광택이 나는 독창적인 디자인의 소방차는 그 지역의 안전 수준을 가늠하게 만드는 대표적인 상징물이 된 지 오래다.

한편 그들은 일상생활에서 사용되는 아주 작은 물건까지도 소방과 관련된 문구들을 새겨 넣어 자신이 어떤 일을 하는 사람인지 자랑하기에 바쁘다.

소방대원들 간에 우정의 상징으로 주고받는 코인(동전), 개성이 담긴 소방대원 티셔츠, 그리고 소방대원들이 좋아하는 모토가 새겨진(예를 들면, "First in, Last out.-재난현장에 가장 먼저 들어가서 제일 마지막에 나온다."라는 뜻) 커피 머그잔을 보는 것도 이채롭다.

여기에 한 가지 더해 소방대원을 위한 아주 특별한 자동차 번호판을 소개하고자 한다.

미국에서는 각 주별로 지역의 차량관리국(Department of Motor Vehicles)에서 소방대원 전용 번호판을 발급하고 있다.

캘리포니아 소방대원의 자동차 번호판

소방대원임을 증명하는 신분증이나 소방서에서 발급한 재직증명서와 같은 증빙서류를 제출하면 소방대원(FIREFIGHTER)이라고 표시된 정식 번호판을 발급받을 수 있다.

소방대원 전용 자동차 번호판이 만들어진 지 올해로 13년이 되었다는 캘리포니아에서는 현재까지 3만 3,000개 이상이 판매될 정도로 소방대원들 사이에서는 인기 아이템이다.

특히 번호판 좌측에는 영화『분노의 역류(Back Draft)』의 이미지가 들어가 있어 소방대원의 자부심을 한층 돋보이게 해 준다.

전용 번호판은 무료로 제공되지 않는다. 번호판을 발급받으려는 소방대원은 일정 비용을 지급해야만 한다. 가격은 주에 따라 30달러에서 100달러 정도다. 번호판 발급대상은 전·현직 소방대원, 의용소방대원, 그리고 순직한 소방대원의 유가족 등이다.

미국 소방대원들은 자신이 하는 일에 대한 명예와 자부심을 표현해 주는 번호판을 구매하기 위해 흔쾌히 비용을 지급한다.

그 이유는 자신이 지급한 비용 일부가 다시 소방을 위해 사용된다는 것을 잘 알기 때문이다. 예를 들면 지역에 있는 소방박물관에 기부되기도 하고, 순직한 소방대원들의 기념비를 보수하거나 소방대원을 위한 기금 조성에 사용된다.

네바다주 의용소방대원의 자동차 번호판 샘플

직업적 자부심을 표현하면서도 조직 발전을 위한 선한 기부를 이끌어 내는 지혜로움에서 또 하나 배우게 된다. 소방대원을 위한 특별한 자동차 번호판은 단순히 외적으로 무엇인가를 표시하는 유별남의 표현만이 아니라, 소방의 전통을 이어가고 조직의 발전을 모색하는 것은 그 누구도 아닌 소방대원 자신으로부터 시작되어야 한다는 교훈을 우리에게 주는 것은 아닌지 생각해 본다.

소방학교에 웬 비행기가… 입이 떡 벌어지네

_텍사스 미 국방부 소방학교에 가다

미국 텍사스 주의 한적한 도시 샌 엔젤로(San Angelo)에 위치
한 '굿펠로우 공군기지(Goodfellow Air Force Base)'.

이곳에는 미군 최정예 소방대원을 양성하는 미 국방부 소방학
교가 자리하고 있다. 학교의 정식 명칭은 '루이스 에프 갈랜드 파
이어 아카데미(Louis F. Garland Fire Academy)'다.

미국 텍사스주 샌 엔젤로(San Angelo)에 위치한 미 국방부 소방학교 전경

학교 이름은 1960년대 미 공군 소방의 청사진을 제시하고 소방
조직의 기틀을 세운 미 공군 준위(Warrant Officer) 루이스 에프
갈랜드(Louis F. Garland)의 이름을 따서 지은 것이다.

미 공군 준위 루이스 에프 갈랜드(Louis F. Garland)

학교는 미 육군, 공군, 해군, 해병대, 해안경비대 소속의 미군과 민간인 소방대원의 교육을 전담한다.

여기에 해외에서 온 외국인 소방대원들도 참여한다. 뉴질랜드, 캐나다, 독일, 사우디아라비아, 영국, 스웨덴, 일본, 한국 등 국적도 다양하다.

그야말로 미 국방부 소방학교는 규모 면에서나 커리큘럼 면에서 세계적인 수준을 자랑한다.

맨 처음 학교를 알게 된 것은 지난 2006년 소방간부 중급과정(Fire Officer II)에 직접 참석하면서부터다. 그 이후 2011년 소방검열관 고급과정(Fire Inspector III), 그리고 2017년 재난관리 현장지휘시스템(Incident Command System) 교관 과정을 위해 학교를 다시 방문했으니 5년마다 인연을 이어가고 있는 셈이다.

미 국방부 소방학교 상단 현수막에 적혀있는 모토

"Train as if someone's life depends on it··· IT DOES - 누군가의 생명이 걸려있다는 생각으로 (최선을 다해) 훈련하라. (그리고) 실제로도 그렇다."라는 모토가 걸려있는 학교는 미국 소방대원들이 취득해야 하는 모든 교과과정이 잘 마련돼 있다.

소방학교 커리큘럼은 총 6개의 블록(Block)으로 나누어져 분야별 전문교육이 가능하다.

블록 1은 응급구조사, 블록 2는 화재성상과 예방, 블록 3은 건물화재 이론, 블록 4는 화재진압 실습, 블록 5는 위험물, 그리고 블록 6은 항공기 화재진압 과정으로 진행된다. 이를 위해 다양한 실습장과 이동식 훈련 트레일러들도 갖춰져 있다.

항공기 구조훈련장

위험물 사고 훈련을 위한 트레일러

건물화재 훈련장

한 무리의 소방대원들이 사다리 훈련을 하고 있다.

노마 브라운(Norma Brown) 현장지휘 실습장

교육은 보통 오전 6시에 시작해서 오후 3시에 마친다.

매년 2천 명이 넘는 신임 소방대원들이 기본 교육(Firefighter Basic Training)에 참여하는데, 교육과정은 총 3개월 반이 소요되며 한 사람당 드는 비용은 우리 돈으로 3천만 원 정도다.

이른 아침 학과출장을 위해 예비 소방대원들이 줄을 지어 행진하고 있다.

교육을 성공적으로 마친 소방대원에게는 화재 대응능력(Fire fighter I/II), 위험물(HAZMAT Awareness/Operations), 그리고 구급(Emergency Medical Responder) 분야의 수료증이 수여된다.

많은 교육생을 담당하기 위해 학교에 배치된 소방교관의 숫자도 여유가 있는 편이다. 무려 150여 명이 넘는 교관들이 교육생 한 사람 한 사람에 대해 세심하게 지식과 기술을 전수해준다. 이를 통해 비로소 재난에 강한 소방대원이 탄생하게 된다.

참고로 규모가 제법 큰 것으로 알려진 우리나라 경기도 소방학교의 경우 현재 근무하고 있는 교관의 숫자는 기껏해야 10~20명 정도다. 해마다 500~1,000여 명의 신임 소방관들, 기타 직무교육, 거기에 일반인 교육까지 담당하기에는 턱없이 부족한 숫자가 아닐 수 없다.

미 국방부 소방학교 순직소방대원 추모비

굳펠로우 공군기지 중심에는 미 국방부 순직소방대원 추모비
가 위치해 있다. 소중한 임무를 위해 자신을 헌신한 이들의 넋을
위로하는 곳이다.

이 기념비를 중심으로 바닥에는 그동안 소방학교를 졸업한 소
방대원들의 이름이 적힌 벽돌이 놓여있어 학교를 다시 찾은 사람
에게 추억을 선물해 준다.

2011년 소방검열관 고급과정을 이수한 사람들의 명단이 새겨진 벽돌.
맨 아래 Mr. Yi Kon이라는 필자의 이름이 영문으로 적혀 있다.

이번에 다시 미 국방부 소방학교를 방문하면서 문득 이런 생각
이 들었다. 어쩌면 미국인들은 다양성을 기본으로 하면서도 도전,
용기, 희생, 새로운 아이디어에 대한 열린 마음, 동료에 대한 예우
등 모든 사람을 이롭게 하기 위한 공통적 가치를 추구하데 적극
적으로 힘을 모으는 것이 아닌가 하고 말이다.

육군, 공군, 해군, 해병대, 해안경비대가 서로 모여 어색한 한 집
살림을 하면서 불편한 일이 많을 것도 같지만 '사람을 살리는 전
문가'를 만들어내는데, 서로 힘을 모아가는 모습에서 대한민국 안
전시스템이 나아가야 할 하나의 모델을 본 것이 아닌가 생각해
보았다.

조지 W. 부시 대통령, 이런 면도 있었나

_소방대원의 든든한 후원자

조지 W. 부시 대통령은 제43대 미국 대통령으로 2001년부터 2009년까지 재임했다.

비극적인 9·11테러와 초대형 허리케인 카트리나 등 무려 422건의 대형 재난이 그의 재임 기간 중 발생했고 이를 계기로 미국은 안보와 안전정책 분야에서 획기적인 전환점을 맞이하게 된다.

미연방 재난관리청(FEMA)의 위상을 격상시키는가 하면, 현장 전문가들을 전면에 배치해 재난에 강한 조직으로 재정비한다.

이 시기에 미국 재난 관리 시스템의 근간이 되는 재난 대응 매뉴얼들이 완성된다.

2007년 국가재난대비 가이드라인(National Preparedness Guidelines), 2008년 국가재난 관리시스템(National Incident Management System)과 국가재난 대응체계(National Response Framework)가 등장한다.

현재 이 매뉴얼들은 각 주 정부와 지방정부에서 활용되고 있으며 모든 재난 현장의 중심에는 소방을 전진 배치해 놓고 있다.

911 테러 현장을 방문한 조시 W. 부시 대통령이 소방대원들을 격려하고 있다(출처: 미 백악관).

9·11테러는 당시 현장에 출동했던 뉴욕 소방대원 343명의 목숨을 앗아갔다. 이런 악조건 속에서도 뉴욕 소방대원들의 헌신적인 구조 활동이 연일 매스컴을 타고 방송됐으며 구조현장을 찾은 부시 대통령은 소방대원들과 어깨동무를 하고 그들의 노고에 감사를 표시했다.

이 장면을 지켜본 많은 미국인들 또한 소방대원들에게 존경과 신뢰를 보내게 된다. 소방대원들을 향한 대통령의 적극적인 지지와 감사가 나비효과로 이어진 셈이다.

9·11 테러 이후 부시 대통령은 재난현장에 최우선으로 출동하는 소방대원의 든든한 버팀목이 돼 주었다.

예를 들면 매년 10월 첫째 주 일요일에 거행되는 순직소방대원 추모식에 맞춰 모든 연방 건물에 조기를 달도록 해 순직한 소방대원을 추모하기 위한 법적 장치(Public Law 107-51)를 만들었다.

또한, 순직소방대원 추모식에도 직접 참석해 순직한 소방대원을 위해 기도하고 그 유가족을 격려하는 모습을 보여줘 많은 소방대원들이 용기를 얻기도 했다.

2007년 10월 7일 메릴랜드에서 개최된 순직소방대원 추모식에 참석해
유가족을 위로하고 있는 조지 W. 부시 대통령(출처: 미 백악관).

우리나라의 경우 박근혜 대통령이 대한민국 소방관들을 가리켜 '국민안전의 버팀목'이라며 치켜세워 주긴 했으나 단지 말뿐이었다. 매년 10월 개최되는 순직 소방공무원 추모식에 대통령은 커녕 국민안전처 장관도 참석하지 않으니 말이다.

한편 조지 W. 부시 대통령은 소방대원의 노고를 위로하는 감동적인 연설로도 유명하다.

2014년 4월 19일 워싱턴 D. C.에서 개최된 제14회 전국 소방대원을 위한 만찬(14th National Fire and Emergency Services Dinner)에서 부시 대통령의 연설은 참석한 소방대원들로부터 기립박수를 받았다. 그의 연설문의 한 구절을 소개한다.

"I'm honored to be your president. I'm honored to be a proud backer of the Crawford, Texas Volunteer Fire Department. (소방대원들을 향해) 나는 여러분의 대통령이 된 것과 크로포드 텍사스 의용소방서의 자랑스러운 후원자가 된 것을 영광으로 생각합니다."

가장 위험하고 힘든 직업을 가진 소방대원을 존경한다는 국가 최고 책임자의 연설은 듣는 이들 모두로부터 자긍심과 애국심을 불러일으키기에 충분하다.

부시 대통령처럼 크고 작은 재난현장을 직접 찾아가 피해자들을 위로하고 정부가 마땅히 해야 할 일을 고민하는 리더들이 더 많이 필요하다.

소방대원의 코인 챌린지, 그 유래와 의미는?

_재미와 자부심을 한 번에 잡는다

미국소방대원 코인들

미국 소방대원들이 몸에 지니고 다니는 물건 중에서 '코인'은 빠지지 않는 아이템 중 하나다.

코인은 우리나라의 오백 원짜리 동전보다 조금 더 크고 두꺼운 원형이 보통이지만, 방패 모양이나 군대에서 사용하는 인식표(dog tag)와 같은 다양한 스타일의 코인도 있다.

누가 언제부터 왜 코인을 만들었는지 그 유래를 정확히 알기는 어렵지만, 고대 로마의 기록에서 그 단서의 일부를 찾을 수 있다.

로마 시대에서는 그날 전투에서 잘 싸운 군인에게 일당과 함께 보너스로 코인을 지급했다고 한다. 이 코인은 특별한 의미를 담아 제작한 것으로 코인을 지급받은 군인들은 물건을 사기보다는 기념으로 잘 간직했다고 전해진다.

코인의 유래와 관련해 또 다른 흥미로운 이야기가 있다.

1차 세계대전 당시 한 미군 장교가 자신의 부하 조종사들에게 소속 부대의 상징이 새겨진 코인을 선물로 나눠준다. 어느 날 그의 조종사 중 한 명이 독일 병사들에게 생포되면서 아주 작은 가죽 지갑에 들어있던 코인만 빼고는 모든 것을 빼앗기게 된다.

우여곡절 끝에 탈출에 성공한 그는 프랑스로 도피하지만, 오히려 프랑스 군인들로부터 스파이 혐의를 받고 처벌을 받을 위기에 놓인다. 그때 그가 소지하고 있던 코인을 알아본 한 프랑스 군인에 의해 그의 신원이 확인되고 마침내 그는 자신의 부대로 돌아갈 수 있게 되었다는 이야기다.

이렇게 코인의 역사는 아주 오래전 군대 문화로부터 시작된 것이 분명해 보인다.

요즈음은 군대뿐만 아니라 소방, 경찰, 보이스카우트, 라이온스 클럽 등 다양한 조직에서 코인을 만들어 사용하고 있다.

심지어 미국의 대통령들도 직접 코인을 제작해 나눠주기도 했다. 빌 클린턴, 조지 W. 부시, 그리고 오바마 대통령도 대통령 코인을 만들어 다친 군인이나 큰 공을 세운 군인 등 특별한 경우에 감사의 징표로 전해주었다.

역사와 전통 그리고 강한 소속감과 자부심이라면 군인 못지않은 사람들이 있다. 바로 소방대원들이다. 그런 이유로 많은 소방대원들이 자신의 소방서를 대표하는 상징이나 모토가 새겨진 코인을 만들어 몸에 지니고 다닌다.

미 공군 소방대원의 코인

소방대원들의 코인은 다양한 용도로 사용된다.

명함처럼 서로 교환하기도 하고 코인을 통해 자신의 소속을 나타내기도 한다. 또 열심히 일한 소방대원에게 수고했다는 표시로 건네지는가 하면, 코인을 판매해 얻은 수익금으로 지역사회를 위해 좋은 일에 기부하기도 한다.

또 코인은 소방대원들 사이에 게임을 할 때도 사용된다.

바로 미국소방대원들이 즐겨 하는 '코인 챌린지(Coin Challenge)'라는 게임으로 2차 세계대전 당시 독일에 파병된 미국 군인들에 의해 처음 시작되었다고 전해진다.

게임의 룰은 이렇다. 보통 직장이나 혹은 회식 자리에서 한 사람이 코인을 테이블에 내려놓으며 "코인 챌린지"라고 외치면, 주변에 있는 소방대원들 또는 회식 장소에 같이 동행한 소방대원들은 소방서 코인을 제시해야만 한다.

한 소방대원이 '코인 챌린지'를 하기 위해 상대방에게 코인을 제시하고 있다.

이때 코인이 없는 사람은 코인을 보여 달라고 요청한 사람과 코인을 가진 다른 사람들에게 음료수 또는 맥주를 사야 한다.

하지만 모든 사람이 코인을 가지고 있다면 "코인 챌린지"를 외친 사람이 모두에게 음료수나 맥주를 사는 방식이다.

얼핏 보면 그냥 웃어넘기는 시시한 게임일 수도 있다. 하지만 시시하게 보이는 이 게임 속에는 오랜 시간 동안 변치 않고 전해져 내려오는 전통, 소속감, 명예, 그리고 자부심이 들어있다.

아주 작은 물건에까지 자신의 소속을 표시하고 항상 몸에 지니면서 자신이 누구이고 무엇을 하는 사람인지 지속해서 확인하는 모습 속에서 재미를 넘어 그들의 직업 사랑과 프로정신을 엿볼 수 있다.

소방관들에게 비행기 기증… 이건 정말 부럽네

_소방대원을 위한 미국인들의 통 큰 기부

수많은 재난을 경험하면서 다져진 미국인들의 안전의식은 그들의 삶 가운데 깊숙이 자리하고 있다.

그동안 마련된 안전규정들이 피로 쓰인 결과물이란 것을 잘 아는 까닭에 '안전제일(Safety First)'이란 구호는 이미 자연스러운 인사가 된 지 오래다.

오늘을 살아가는 모든 사람에게 안전은 가장 중요한 키워드 중 하나다.

그래서인지 재난의 중심에서 수고하고 헌신하는 소방대원들을 향한 미국인들의 지지와 성원은 부러울 정도로 대단하며 이는 곧 기부 문화로 이어진다.

지난 2013년 미국의 대표적인 운송회사 중 하나인 페덱스(FedEx)는 은퇴한 보잉 727 항공기 한 대를 텍사스주에 위치한 오스틴 소방서(Austin Fire Department)에 기증한 적이 있다.

이 기종은 엔진만 장착하면 다시 비행이 가능한 것으로 알려졌으며 당시 평가 금액은 37만 5천 달러로 우리 돈 4억 3천만 원에 해당한다.

오스틴소방서 트래비스 월든(Travis Walden) 팀장이 페덱스로부터 기증받은 보잉 727 앞에서 기념촬영을 하고 있다(출처: www.myStatesman.com).

페덱스는 2014년에도 보잉 727 항공기 한 대를 워싱턴주에 위치한 스포캔 국제공항소방서(Spokane International Airport Fire Department)에 기증해 소방대원들의 훈련을 지원한 바 있다.

안전한 나라를 만들어 가는 일은 단순히 어느 한 정부 부처만의 책임은 아니다. 국가와 지방정부, 기업과 지역사회 구성원 모두가 참여해서 만들어 가는 협업의 성과물이다. 그런 의미에서 소방대원을 향한 기업과 시민들의 기부 행렬은 안전한 사회를 만들어 가는 든든한 시작점이 된다.

하지만 무조건 기부를 강요할 수만은 없다. 정부 차원에서 기부의 참된 문화를 조성하고 또 그것을 장려하는 투명한 시스템이 뒷받침되어야 한다.

미국에서는 오래된 자동차를 소지한 사람이 자동차를 폐차하지 않고 소방서에 훈련용으로 기부하면 세금을 감면해 주는 제도가 있다.

소방대원의 훈련을 지원하는 데 동참하면서도 세금 감면이라는 금전적 혜택도 받는 셈이니 이것이 일거양득이 아닌가 싶다.

브로드뷰 하이츠 소방서(Broadview Heights Fire Department) 소속의 소방대원들이 기증받은 자동차로 훈련을 하고 있다(출처: 브로드뷰 하이츠 소방서 홈페이지).

이러한 정부의 노력 외에도 이미 많은 업체가 소방대원들을 예우하고 격려하기 위한 다양한 프로그램들을 마련해 두고 있다.

대표적인 것이 '소방대원 특별 가격 할인 프로그램(Special Discounts Program for Firefighters)'이다.

예를 들면 선글라스 브랜드로 유명한 오클리(OAKLEY)는 소방대원 신분증을 제시하면 최고 50%까지 할인을 해 준다.

디즈니월드, 식당, 의류업체, 호텔, 자동차, 전화, 심지어는 은행 대출에도 소방대원 할인 프로그램이 존재한다. 그야말로 소방대원들이 어깨 펴고 다닐 만하다.

소방대원과 경찰관을 위한 할인 프로그램 광고의 한 장면(출처: www.carid.com)

소방대원을 위한 미국인들의 통 큰 기부는 나와 너, 그리고 우리 모두의 안전을 위해 더 수고하고 힘써 달라는 응원의 메시지이며 이 함성은 곧 선한 나비효과로 연결된다.

우리나라도 몇 년 전부터 여러 기관과 기업들이 소방관 후원행사를 해 오고 있다. 금액의 많고 적음을 떠나 소방관들에게 적지 않은 격려가 되었다는 평가다. 하지만 이마저도 '김영란법(청탁금지법)' 이후 기부 활동이 위축됐다는 우려 섞인 목소리가 여기저기서 들려온다.

대한민국의 안전을 위한 시민과 기업의 기부 활동이 위축되거나 멈추지 않도록 정부의 세심한 관심과 지원책 마련이 필요하다.

소방관을 위한 정치, 우리가 말한다

_미국소방대원협회 연방 정치활동 위원회

댈러스 소방대원협회 정치활동 위원회 로고(출처: 댈러스 소방대원협회)

미국소방대원협회(International Association of Fire Fighters)는 30만 명 이상의 소방대원(구급대원 포함)을 회원으로 보유하고 있는 대표적인 소방관 권익 보호단체다. 워싱턴 DC에 본부를 두고 있으며 캐나다에도 지부 사무실이 설치되어 있다.

협회 내에는 'FIREPAC(Fire Political Action Committee)'이라고 불리는 연방 정치활동 위원회가 있다.

주 임무는 크게 두 가지다.

첫째는 소방관의 권익 보호를 위한 각종 안건을 가지고 의회 의원들을 만나 깊이 있게 논의해 정치인들로부터 이해와 지지를 요청하는 것이다.

둘째로는 후원금을 모금해 소방관에게 관심이 많은 경선 후보자를 선정해서 집중적으로 후원하는 일이다. 소위 소방관들의 입맛에 맞는 정치인들을 만들어가는 셈이다.

이렇게 소방관을 위한 정치인이 만들어지면 선출된 자들은 입법 활동을 통해 다시 미국소방대원협회를 지원하는 구조다.

이런 과정을 통해 그동안 통과된 법안만 해도 소방관 암 관련 법안, 심장 관련 법안 등 6개 법안이나 된다.

협회의 연방 정치활동 위원회는 미국 내 4천 개가 넘는 로비 단체 중 상위 25위 안에 드는 막강한 영향력을 자랑한다. 거기에 협회 소속의 소방관들이 근무하고 있는 지역에 살고 있는 사람들은 미국 전체 인구의 85퍼센트나 되기 때문에 그들의 의견은 상당한 무게감이 실릴 수밖에 없다.

위원회가 생긴 이래로 지금까지 경선 후보자들에게 후원한 금액은 총 1,600만 달러, 우리 돈으로 환산하면 자그마치 180억 원이나 된다.

협회의 기금을 선거에 사용하는 것은 미연방법에 의해서 금지되어 있기 때문에 후원금은 소방관과 그 가족, 그리고 협회 회원들로부터 순수하게 모금된 것으로만 지원된다.

한편 협회는 선거와 정치 시스템에 대한 이해도를 높이기 위해 소방관들과 외부인들을 대상으로 하는 '정치훈련 아카데미(Political Training Academy)'도 매년 운영하고 있다. 선거, 즉 소방관 권익 보호를 위한 절호의 기회를 십분 활용하는 것이다.

미국소방대원협회가 '정치훈련 아카데미'에 참석한 사람들을 대상으로 교육을 진행하고 있다(출처: IAFF Local 2661).

매번 선거철이 되면 후보마다 너나 할 것 없이 소방관 처우 개선에 대해 목소리를 높인다. 하지만 선거가 끝나면 소방관 처우 개선은 어김없이 이런저런 일들에 밀려나기 일쑤다.

이기기 위한 선거를 위해 다소 무리한 공약을 한 것도 문제지만, 미국처럼 소방관의 권익 보호를 위해 준비된 기구와 전략이 부재하다는 것이 가장 큰 문제다.

미국의 사례에서 보는 바와 같이 대한민국도 소방인들의 권익 보호를 위한 공식적인 채널이 필요하다. 물론 여기에는 다양한 분야에서 활동하고 있는 소방인들의 적극적인 참여와 후원도 요구된다.

이런 통로를 통해 소방이 당면하고 있는 여러 현안에 대해 심도 있게 논의하고 이를 효과적으로 전달할 수 있는 메커니즘이 마련될 수 있다고 본다.

이번 기회에 소방인들의 권익을 대변할 수 있는 통로가 마련돼 소방을 지지하고, 궁극적으로는 국민의 안전을 위해 노력할 수 있는 정치인들이 더욱더 많이 배출되길 희망한다.

소방서장 책임감의 무게가 '5톤'인 사연

_소방 지휘관의 도전과제와 비전

9·11테러 당시 사고 현장을 진두지휘했던 뉴욕의 한 소방서장의 리더십은 곧잘 우리나라 세월호 사고 현장의 무책임한 리더십과 비교되곤 한다.

미국에서는 소방서장이 되기 위해서 가장 밑바닥부터 시작해 적어도 20년 이상 소요되는 길고도 고된 노력과 경험의 시간이 필요하다.

그런 이유로 각종 재난현장에서 소방서장이 내리는 결정은 적어도 그 시점에 최고의 선택이었다는 공감대가 보편적으로 형성돼 있다.

나팔 다섯 개가 교차한 모양의 미국소방서장 계급장

미국의 소방서장은 다섯 개의 금색 나팔(Bugle 혹은 Speaking Trumpet이라고 불린다)이 교차한 모양의 계급장을 유니폼에 착용한다.

참고로 나팔 하나는 초급 소방간부, 둘은 팀장, 셋은 과장, 넷은 부 소방서장에 해당한다.

계급장의 유래를 살펴보면 초창기 미국의 소방차는 엔진 소리가 너무 커서 현장에서 육성으로 명령을 전달하는데 애로사항이 많았다고 한다.

그래서 지휘관들은 나팔을 가지고 다니면서 명령을 내리기 전 나팔을 불어 소방대원들의 이목을 집중시킨 뒤 필요한 내용을 전달하게 된다. 여기에서 나팔을 가지고 있다는 것은 곧 지휘권이 있다는 계급장의 유래가 시작된다.

미국소방서장 모자에 다섯 개의 나팔이 선명하게 자리하고 있다(출처: 미연방소방국).

미국의 현장지휘관들은 나팔 하나에 1톤만큼의 책임감이 있어야 한다고 말한다.

나팔이 5개인 소방서장은 책임감의 무게가 무려 5톤이나 된다. 어찌 보면 소방서장이 된다는 것은 소방서장이 되는 과정보다 훨씬 더 힘들기만 하다.

지금의 소방서장들은 여러 가지 도전과제에 직면해 있다.

복잡한 양상의 초대형 재난이 많은 미국에서 전문성과 자부심이 충만한 소방대원들을 앞에서 이끌어가며 지역사회 주민들의 기대치를 맞춰간다는 것은 생각보다 쉽지 않다.

총기 소지가 자유로운 나라인 만큼 소방대원들이 총격 사고로 희생당하거나 인질로 잡히는 경우도 종종 있고, 사고 현장에 가득 차 있는 유해물질로부터 소방대원의 보건과 안전을 어떻게 지켜내느냐 하는 것도 관건이다.

거기에다 3만 개가 넘는 소방서 그리고 116만 명이 넘는 소방대원들은 다양한 인종과 성별로 구성되어 있으며, 근무형태도 정규직, 임시직, 의용소방대원 등 제각각이다.

이런 다양성을 하나의 가치로 묶어 미래비전을 제시해야 하는 소방서장의 고민은 여전히 깊을 수밖에 없다.

한편 최근 몇 년간 이어진 미국의 경기 침체는 소방서의 예산 삭감으로 이어져 소방서장의 어깨를 한층 더 무겁게 만든다.

하지만 이런 도전과제들을 소방서장 혼자서만 부담하지는 않는다. 주민과 기업, 지방정부와 주 정부, 그리고 연방정부의 전폭적인 지원과 강력한 인적 네트워크로 '재난으로부터 준비된 나라'라는 비전을 함께 만들어 가고 있다.

특히 소방이 당면한 각종 현안에 대해 열린 토론의 장은 눈여겨볼 만하다.

대표적인 프로그램이 바로 하버드대학교에서 진행하는 'Harvard Fire Executive Fellowship Program'이다.

소방 현장 지휘관을 위한 미국 하버드대학교 펠로우십 프로그램(출처: 미연방재난관리청)

이 프로그램은 고위급 소방간부를 위해 특별히 마련된 프로그램으로 3주간 하버드대학교의 존 에프. 케네디 스쿨(John F. Kennedy School)에서 진행한다.

최고의 전문가들을 위한 최고의 과정들이 준비돼 있는 것이다. 여기에서 소방이 당면한 현안들, 즉 인력, 장비, 소방대원의 건강과 안전 문제와 같은 중요한 이슈를 가지고 토론하면서 다양한 해결 방안들을 모색하게 된다.

또한 지휘관들은 미국 소방대원협회에서 주관하는 '정치훈련 아카데미'에도 참석하고 미국방화협회 등 다양한 기구의 위원으로 활동하면서 정보를 교류한다.

이렇듯 미국소방서장들의 안전을 위한 행보는 지역주민들의 삶의 질과 직결돼 있다.

소방서장이 감당해야 할 책임감의 무게는 5톤이지만, '안전한 나라' 미국을 만들어 가는 소방 리더들의 자부심에 비하면 그 무게는 여전히 가볍기만 하다.

'흡연자를 잡아라', 미국 호텔의 '007' 작전
_첩보영화 방불케 하는 호텔직원들의 감시

언젠가 지인이 미국에 출장 갔다가 호텔 객실에서 담배를 피운 일 때문에 벌금을 낸 적이 있다며 너스레를 늘어놓았다.

아무도 보지 못했을 거라며 '완전범죄'를 자신했는데 체크아웃 할 때 프런트 데스크 직원이 담배를 피운 사실을 지적하며 우리 돈 30만 원에 해당하는 추가 요금을 물렸다는 것이다.

벌금을 낸 일보다도 오히려 자신이 흡연한 사실을 어떻게 알았 는지가 더 궁금하다는 그의 순박함의 이면에는 흡연자들에 대한 미국 호텔의 철저한 감시망이 작동하고 있음은 물론이다.

비흡연자들의 권리를 위한 미국인 재단(Americans for Non smokers' Right Foundation)이 발표한 자료에 따르면 2006년 '스 타우즈 웨스틴(Starwood's Westin)'호텔이 전국 77개 체인점의 객실, 바, 식당 등에서 금연정책을 처음으로 시행했다고 전하고 있다. 이후 메리어트, 르네상스, 리츠칼튼 등이 여기에 동참하게 된다.

미국 웨스틴 오헤어 호텔에 부착된 금연정책에 관한 안내문

　같은 해 '더 뉴욕 메리어트 다운타운(The New York Marriott Downtown)' 호텔이 처음으로 객실 내 흡연자에게 벌금을 부과한 것으로 알려져 있다.

　2017년 1월 현재 호텔과 모텔에서의 흡연을 주법(State Law)으로 금지한 곳을 살펴보면 인디애나, 미시건, 노스다코타, 버몬트, 위스콘신주 등이 있으며, 지방자치단체에서 법으로 흡연을 금지한 곳만 해도 176개소에 이른다.

　사실 호텔 객실에서의 흡연은 해마다 미국에서 발생하는 3900여 건의 호텔(모텔 포함) 화재의 한 원인으로 꼽힌다.

　흡연 문제는 화재뿐만 아니라 호텔 종업원들의 업무량을 가중해 추가 노동비용을 발생시킨다.

비흡연자가 객실에 체크인했다가 담배 냄새가 난다는 이유로 방을 바꾸어 달라든가 혹은 자신의 물건에 담배 냄새가 난다며 항의하는 바람에 직원들이 몸살을 앓기도 한다.

미국 캘리포니아 소재의 한 호텔의 금연 경고문.
위반 시 250달러의 벌금이 부과된다는 내용이 적혀있다.

한편 흡연은 만만치 않은 '객실 복구비용(Room Recovery Fee)'도 발생시킨다. 객실 복구비용이란 흡연으로 인한 냄새를 제거하기 위해 객실 내부 침대 시트, 커튼, 카펫 등을 다시 세탁하는 데 드는 비용이다.

어찌 보면 호텔이 객실 흡연자에게 부과하는 250달러의 벌금은 객실 복구비용에 대한 배상 차원에서 이루어진다고 볼 수 있다.

하지만 일부 호텔의 무분별한 벌금 부과는 손님들의 지탄의 대상이 된다.

객실에서 단지 담배 냄새가 난다는 이유만으로 담배를 피우지도 않은 손님에게 벌금을 부과했거나 손님의 동의도 없이 신용카드 회사에 요청해 벌금을 인출해간 사례도 있었다. 이는 종종 법적 분쟁으로 이어지기도 한다.

이런 분쟁들을 최소화하기 위한 자구책으로 호텔에서는 종업원들을 대상으로 흡연자 적발을 위한 특별 교육을 진행한다.

투숙객이 잠시 퇴실한 사이에 수시로 방을 청소하면서 담배 냄새가 나는지 직접 냄새도 맡아보고 쓰레기통을 비롯해 의심이 갈만한 곳을 일일이 확인해 사진을 촬영하는 등 마치 첩보영화를 연상케 하는 장면도 연출된다.

시카고의 스위쏘텔(Swissotel)에서는 직원이 투숙객의 흡연 사실을 보고했을 경우 건당 10달러의 보너스를 받기도 한다.

'나만의 공간'이 아닌 여러 사람이 같이 사용하는 공간의 안전과 청결함이라는 두 마리 토끼를 잡아야만 하는 미국 호텔들의 노력은 여러 논쟁 속에서도 여전히 직진 중이다.

100달러 받으려면, 허리 32인치 넘지 말아야

_소방관은 격려에서 시작되고 믿음으로 완성된다

일선에서 소방정책을 수립하는 사람들로부터 종종 미국소방 사례에 관해 문의하는 전화를 받곤 한다.

대화를 나누다가 눈살이 찌푸려지는 대목이 있다면 미국에서는 잘못한 소방관에게 어떻게 징계를 주느냐 하는 질문에 관한 것이다.

사실 징계라는 단어 자체가 그리 유쾌한 주제는 아니기 때문에 매번 질문을 받을 때마다 곤혹스럽기 그지없다.

물론 미국의 소방서들은 자체적으로 소방관의 일탈 행위와 그에 상응하는 징계의 기준들을 마련해 놓고 있다.

하지만 보통은 징계보다 안전전문가로서의 행동윤리를 강조해 동기를 부여하는 쪽에 초점을 맞춘다.

특히 금전적 인센티브와 같은 현실적인 보상을 통해 소방대원들이 더욱 자율적이고 주도적으로 규정을 지켜나갈 수 있도록 권장한다.

한 가지 예를 들어보자.

소방관에게 건강한 체력이 중요하다는 것은 당연하다. 하지만 체력측정을 통해 일정 기준에 미달할 경우 그에 상응하는 불이익을 주는 것보다는 오히려 체력측정을 통과할 수 있도록 격려하고 인센티브를 주는 것은 전혀 다른 결과를 가져온다. 즉 결과보다는 그 과정을 격려해 함께 좋은 결과를 만들어 가는 것이다.

미국 의용소방대원협회(National Volunteer Firefighter Council)는 소방대원의 건강한 심장을 위한 금연 캠페인을 벌이고 있다. 금연 실적이 좋은 소방서에는 소방차를 포함해 필요한 장비를 구매할 수 있도록 보조금을 지급한다. 그야말로 건강도 챙기고 소방차도 선물로 받으니 일거양득이 아닐까.

소방관 금연 캠페인 광고 이미지(출처: 사우스캐롤라이나주 소방대원협회)

한편 오하이오주 소방서는 소방대원을 위한 '건강 마일리지' 프로그램을 마련해 놓고 있다. 꾸준히 건강검진을 받으면 일정 마일리지를 지급하고, 피트니스 클럽에 등록한 회원증 또는 건강박람회 참가증을 제시하면 또다시 가점을 부여한다. 이렇게 소방서에서 정한 일정 마일리지에 도달한 소방대원에게는 500달러의 현금을 지급하는 방식이다.

주한 미 공군 오산기지 소방서의 경우 '100달러 도전 프로그램($100 Challenge Program)'을 운영한 적이 있다. 소방서장이 항시 현찰을 가지고 다니다가 소방대원 누구라도 소방서장이 제시한 몇 가지 기준을 그 자리에서 보여주면 현금 100달러를 보너스로 지급하는 방식이다.

주한 미 공군 오산기지 소속 소방대원들이 팀을 이뤄 체력운동을 하고 있다.

그 기준은 허리 사이즈는 32인치 이하여야 하며, 팔굽혀펴기는 1분에 50개, 윗몸 일으키기 1분에 50번, 마지막으로 2.4킬로미터 달리기를 9분 30초 이내에 달리면 그 자리에서 현찰을 선물로 받는다.

이렇듯 116만 명이나 되는 미국 소방대원들은 다른 이들의 생명과 재산을 지키는 일을 천직으로 여기며 성실히 소방인의 길을 걸어가고 있다.

하지만 아무리 소방관이라고 하더라도 사회 통념상 도무지 인정할 수 없는 심각한 범죄행위에는 해고를 포함한 엄격한 징계가 따른다. 직장에서 음란 동영상 파일을 다운로드한 소방관, 페이스북에 인종차별적 발언을 한 소방관, 물건을 훔친 소방관 등은 모두 일자리를 잃었거나 강력한 징계를 받았다.

최근 대한민국에서도 입에 담기 어려운 흉악한 소방관 범죄가 발생하고 있다.

도박 빚에 시달리자 이웃을 살해하고 방화까지 한 소방관에게 무기징역이 선고됐는가 하면, 만취에 뺑소니까지 한 소방관, 술에 취해 지나가는 여학생을 때린 소방관, 그리고 성매매 등 범죄 양상도 다양해지고 있다.

어떤 일이 벌어지기 전에 미리 예방하는 것은 항상 옳다.

"잘못된 행위는 곧 징계"라는 공식보다는 어떻게 하면 소방인으로 살아가는 과정들을 격려해 진정으로 "사람을 살리는 전문가"라는 위상에 맞게 처신할 수 있도록 만들어 갈지가 관건이다.

산불 끄려고 공중에서 낙하하는 소방대원들

_미국 산불진압대원 스모크점퍼스(Smokejumpers)

2007년 캘리포니아 주 샌디에이고 산불화재 현장에서 한 소방대원이 맞불을 놓고 있다.
당시 35만 에이커가 넘는 면적이 산불로 피해를 입었다(출처: 미연방소방국).

미국 산림청(U.S. Forest Service) 자료에 따르면 해마다 미국에서는 7만 5천여 건의 산불이 발생한다. 원인은 대개 방화, 담뱃불, 캠프파이어, 불꽃놀이 등이며 10건 중 9건이 사람의 실수나 고의에 의한 것이다.

산불화재는 바람과 지리적 접근성 때문에 화재를 진압하는데 많은 시간과 위험을 동반한다. 만약 초기에 진압하지 못하면 수많은 이재민과 상상을 초월하는 면적의 피해가 발생할 수도 있다.

미국에서는 산불을 전문적으로 진압하는 소방대원이 있다. 바로 스모크점퍼스(Smoke jumpers)라고 불리는 사람들이다. 이들은 비행기를 타고 이동하면서 산불화재가 난 곳으로 직접 낙하해 화재를 진압한다.

강한 체력과 정신력, 그리고 상황 판단과 노련함이 요구되는 직업인 만큼 임무 수행 도중 목숨을 잃는 경우도 있다.

지난 2013년 애리조나 산불화재가 대표적인 사례다. 애리조나의 거센 화염은 무려 19명이나 되는 베테랑 소방대원들의 목숨을 한 번에 빼앗아 갔다.

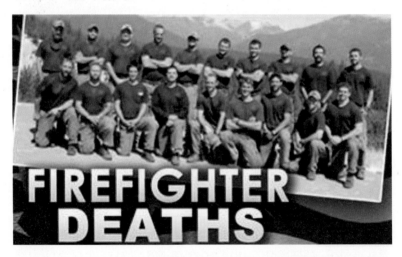

지난 2013년 애리조나 산불로 목숨을 잃은 19명의 산불진압 소방대원들(출처: FOX 31 뉴스)

현재 미국에서 활동 중인 스모크점퍼스는 약 270명 정도다. 주 근무지는 아이다호, 오리건, 몬테나, 캘리포니아 등 국립공원과 산악지대가 위치한 곳이다.

하늘에서 지상의 불속으로 뛰어드는 스모크 점핑(Smoke jumping)은 산불화재를 신속히 진압하기 위해 1934년부터 시작된 것으로 알려져 있다.

1939년부터 스모크점퍼 프로그램이 본격적으로 가동되기 시작했고, 1981년에는 최초의 여성 스모크점퍼도 등장한다.

스모크점퍼스는 미국 산림청(U.S. Forest Service)과 토지관리국(Bureau of Land Management) 소속으로 일부 정규직원들이 있으나, 대다수는 계약직 신분으로 산불화재 시즌인 6월부터 10월까지 고용되고 시즌이 지나면 계약이 만료되는 형태로 근무한다.

결코 안정적이지도 않고 편안한 직업이 아님에도 불구하고 미국의 자연을 지키려는 '상남자'들의 도전은 끝이 없다.

한 여성 스모크점퍼가 사진 촬영을 위해 환하게 웃고 있다(출처: 미국 토지관리국).

매년 모집하는 신입반(Rookie Class)에는 150여 명 정도가 지원하는데 합격률은 그다지 높지 않다. 지난해에는 14명만이 합격자 명단에 이름을 올렸을 뿐이다.

산불 시즌이 시작되기 전에는 신입직원들과 기존 대원들을 대상으로 하는 강도 높은 훈련이 진행된다.

점프 타워에서 내려오는 훈련, 낙하산이 나무에 걸렸을 경우를 가정해서 지상으로 내려오는 훈련, 숲 속에서 2일간 버티는 생존훈련 등 커리큘럼도 다양하다.

한 스모크점퍼가 낙하훈련을 준비하고 있다(출처: 미국 스모크점퍼 협회).

일단 산불 시즌이 시작되면 하루에도 서너 건의 출동은 기본이다. 근무시간과 장소가 불규칙한 것도 하나의 애로사항이다. 라스베이거스에서 기상해 오리건에서 점프하고 다음 날 다시 다른 곳에서 퇴근해야 하는 일도 빈번하다.

스모크점퍼스는 분명히 사람들과는 다른 방식으로 살아가고 있다. 하지만 위험하면서도 외로운 길을 걷는 그들에게는 반드시 지켜야 할 것들이 있다. 바로 미국이 자랑하는 울창한 국립공원과 산림이다.

"누구나 할 수 있는 일이라면 나는 절대 하지 않았을 것이다"라는 말을 직접 행동으로 보여주는 이들은 안전한 미국을 만들어가는 또 다른 소중한 자원이다.

미국에서는 자격증 없으면 소방관 못해요

_미국 소방관 자격인증시스템

우리나라 소방관 화재 대응능력(1급, 2급) 자격에 상응하는
미국 소방관 Firefighter I, II 자격 인증서 샘플

필자가 1995년 소방공무원으로 발령받았을 당시는 보통 입사한 뒤 1년이 지나서야 소방학교에서 기본 교육을 받을 수 있었다. 군대로 말하자면 입대한 지 1년이 지난 뒤에야 제대로 총을 쏘고 나라를 지키는 훈련을 받은 셈이다.

요즈음은 신임 소방관들이 소방학교를 졸업해야만 일선에 배치된다. 현장에서 필요한 것들을 학교에서 배우고 화재 대응능력과 같은 기본 자격도 취득해야 한다.

다양한 재난현장에서 활동하는 소방관들은 자신이 맡은 분야에 대한 전문교육과 자격 취득이 필수다. 단지 소방관 유니폼을 입었다고 해서 모든 분야에 저절로 능숙해지는 것은 아니기 때문이다.

전문지식을 습득하고 관련 자격을 취득하는 일은 소방관의 안전과 보건을 위한 것이기도 하지만 궁극적으로는 합법적으로 그 일을 할 수 있다는 것을 입증하는 법적 필수요건이기도 하다.

의사면허가 없는 사람이 수술을 할 수 없고 운전면허증을 가지고 있지 않은 사람이 자동차를 운전할 수 없는 논리와 같다.

2012년 경북 구미 불산 누출 사고 이후 대한민국에서는 위험물 관련 사고가 증가하고 있다.

하지만 소방관을 위한 관련 교육과 자격제도는 아직 미비하다. 그냥 인사발령서 한 장이면 언제라도 화학사고 현장에 달려가야만 한다. 소방관들의 부상과 순직이 우려되는 대목이다.

소방조직의 존재감은 '현장 전문성'에 달려있다.

미국에서는 소방대원들이 어떤 업무를 시작하기에 앞서 관련 분야의 자격을 우선적으로 취득할 것을 요구한다.

예를 들면 위험 물질 사고에 대응하는 소방관들의 경우 위험 물질 사고 대응과 관련된 특수한 자격을 취득해야 한다. 자격과정도 출동단계와 수준을 고려해 체계적으로 분류해 놓았다.

위험물 대응 초급 단계(Awareness Level), 중급 단계(Operations Level), 고급 단계(Technician Level), 현장지휘관 단계(Incident Commander)로 세분화해 단계별로 명확하게 업무 분담을 해 놓고 있다.

소방차를 운전하는 것도 단순히 대형면허만 있다고 해서 바로 운전할 수 있는 것은 아니다. 각 차종별(펌프차, 물탱크차, 사다리차, 공항소방차)로 마련된 이론시험과 실기평가를 거쳐 자격을 취득해야만 해당 소방차를 운전할 수 있다.

미 국	한 국
Firefighter I, II (NFPA 1001)	화재진화사 1, 2급
Public Fire and Life Safety Educator I, II, III (NFPA 1035)	소방안전교육사
Airport Firefighter (NFPA 1003)	공항소방대 자격과정
Fire Officer I, II, III, IV (NFPA 1021)	소방간부 자격과정
Fire Inspector I, II, III (NFPA 1031)	소방검열관 자격과정
Fire Instructor I, II, III (NFPA 1041)	소방교관 자격과정
HAZMAT Awareness, Operations, Technician, Incident Commander, HAZMAT Officer (NFPA 472)	위험물 자격과정
Tele-Communicator I, II (NFPA 1061)	상황실근무자 자격과정
Pumper, Aerial, Tanker, ARFF (NFPA 1002)	소방차운전 자격과정
Plans Examiner (NFPA 1031)	소방도면검토 자격과정
Fire Department Health and Safety Officer (NFPA 1521)	소방서 보건안전담당관 자격과정
Fire Investigator (NFPA 1033)	화재조사관 자격과정

미국 소방관 자격과정 목록을 한국의 상황에 맞춰 편집했다.

만약 이런 일들이 간과된다면 미연방산업안전보건청(OSHA)의 혹독한 감사와 엄청난 벌금의 철퇴를 맞을 수도 있다. 또한, 자격을 갖추지도 않은 소방대원에게 임무를 부여했다가 사고라도 발생하면 그 책임에 관한 분쟁이나 소송에서 국가가 승소하기란 어렵다.

미국 소방대원들의 자격을 모두 헤아려 보면 대략 30가지 정도가 된다. 이 모든 자격을 다 취득할 수도 없고 그럴 필요도 없겠지만, 적어도 자신이 해야 할 임무와 관련된 자격은 반드시 취득해야만 해당 업무를 수행할 수 있다.

물론 자격증을 취득했다고 해서 모든 일을 완벽하게 처리한다고 볼 수는 없다. 자격을 취득한 후에도 꾸준한 교육과 훈련을 받아야 하고 경력도 쌓아야 한다.

자신이 일하고 있는 분야와 관련된 학력, 경력, 그리고 자격증을 하나의 색깔로 맞추어 갈 때 우리는 그를 전문가라고 부르고 이런 전문가들이 늘어갈수록 재난에 강한 나라가 만들어진다.

이 기회에 미국의 사례를 참고해 우리 소방관들의 자격 시스템도 꼼꼼히 살펴보면 좋겠다.

이건의

재미있는 미국소방이야기

Part II

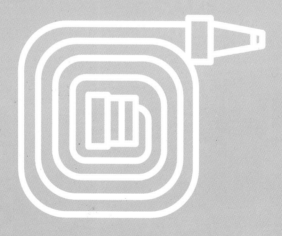

천장 뚫기, 계단 오르기… 8가지 충족해야 '합격'

_미국 소방관 채용시스템

미국의 소방관들은 "월급이 아닌 명예를 먹고산다."라고 말한다. 공공의 안전을 위해 자신을 헌신하는 일 자체가 그만큼 숭고하다는 의미로 해석된다.

미국에서 소방관이 되는 과정은 상당히 까다롭다. 대략 5~6단계의 검증 과정을 거쳐야만 한다.

뉴욕시 소방대원 채용 캠페인 포스터

만약 누군가가 소방관이 되겠다고 결심했다면 시험을 보기 전에 우선으로 고려할 사항이 있다. 바로 자신의 성격과 자신이 선호하는 근무환경에 적합한 소방서를 찾는 일이다.

미국에는 3만 개가 넘는 소방서가 있다. 소방서별로 비전, 임무, 전통, 소방서 규모, 출동 건수, 인력, 예산, 장비 등 근무여건도 천차만별이다.

또한, 정규직, 임시직, 그리고 의용소방대원들이 섞여서 근무하는 혼합(Combination) 형태의 소방서도 존재한다.

자신에게 맞는 소방서를 찾는 일은 평생의 파트너를 찾는 것과 같다.

이 부분을 충분히 고려하지 않고 단지 직업을 구하는 것에만 초점을 맞추다 보면 평생을 우울하게 보낼 수도 있다.

이제 자신에게 적합한 소방서를 정했다면 본격적으로 구직준비를 시작해야 한다.

채용절차는 합격자를 결정하기 전 단계인 Pre-Offer Testing과 합격자를 결정한 후 검증하는 Post-Offer Testing 두 단계로 구분된다.

합격 전 테스트의 첫 단계는 소방서 오리엔테이션에 참석하는 것이다. 많은 소방서가 예비 소방관을 위해 직업에 관한 오리엔테이션을 제공하고 있으므로 이 기회에 참여하면 앞으로의 방향을 잡는데 여러모로 도움을 받을 수도 있다.

그다음 단계는 소방서에 지원서(Application)를 제출하는 것이다. 지원서에는 연락처, 학력, 경력, 자격증, 범죄 사항 및 운전 경력이 들어가며 거짓으로 기재한 사실이 확인되면 합격했더라도 취소 사유가 된다.

지원서가 통과되면 그다음 과정은 필기시험(Written Test)이다. 보통 100문제가 출제되며 70점 이상을 받아야 합격이다.

필기시험을 통과하면 체력시험(Candidate Physical Ability Test)이 기다리고 있다. 미국의 소방관 체력테스트는 우리나라 소방공무원 시험과는 달리 남녀 구분 없이 같은 기준에서 실시된다.

체력테스트에서는 10분 20초 시간 내에 주어진 8가지 과제를 실수 없이 수행해야 한다. 이 중 하나라도 실수하거나 주어진 시간 이내에 8가지 과제를 완수하지 못하면 탈락 처리된다.

1. STAIR CLIMB   2. HOSE DRAG   3. EQUIPMENT CARRY   4. LADDER RAISE AND EXTENSION

5. FORCIBLE ENTRY   6. SEARCH   7. RESCUE   8. CEILING BREACH AND PULL

미국 소방대원 체력테스트 8가지 과제

8가지 과제는 계단 오르기, 호스 끌기, 장비 운반, 사다리 전개, 강제 진입, 검색, 요구조자 끌기, 천장 파괴로 이루어져 있다.

테스트하는 동안 지원자들은 헬멧과 장갑, 그리고 방화복과 같은 무게를 느낄 수 있도록 50파운드(22.6킬로그램) 무게의 재킷도 착용해야 한다.

체력테스트를 통과하면 그다음으로는 대면 면접(Interview)을 보는데, 어떤 소방서는 면접을 두 차례나 보기도 한다. 면접을 통해 소방관으로서의 인성, 적성, 체력, 전문성 등을 전반적으로 살펴본다.

합격 통보를 받았다고 해서 끝이 난 것은 아니다. 일단 합격자가 결정되면 합격자를 대상으로 한 테스트들이 남아있다. 이 과정에서 문제가 생기면 언제라도 합격은 취소되며 다음 사람에게로 기회가 넘어간다.

합격 후 테스트에서는 미국방화협회(NFPA)에서 만든 기준 1582, 즉 소방서 직업의료프로그램에 의해 거짓말탐지기(Polygraph Test) 검사, 심리분석(Psychological Analysis), 그리고 스테로이드와 같은 약물을 주입하지는 않았는지를 확인하는 약물검사(Drug Testing)가 이어진다.

또한, 합격자의 신용상태, 범죄 및 운전 이력 등과 관련한 신원조회(Background Check)도 거쳐야 한다.

뉴욕소방서 신임 구급대원들이 졸업식에서 서약서를 낭독하고 있다(출처: 뉴욕소방서).

이렇게 복잡한 과정을 거치는 이유는 단 한 가지다.

시민들의 생명과 재산을 지킬 수 있는 능력과 자격을 갖춘 미래의 인명안전전문가를 채용해서 그들에게 지역사회의 안전을 맡기겠다는 것이다.

누구나 노력하면 소방관이 될 수 있지만, 그렇다고 아무에게나 맡기지는 않겠다는 강한 의지가 느껴지는 대목이다.

화마와 싸우는 인디언 소방 전사들

_아메리칸 인디언 보호구역 소방서

지금의 미국이 탄생하기 이전부터 그 땅을 지키며 살아왔던 아메리칸 인디언들은 미국의 독립과 프런티어 정책을 겪으면서 자신들의 설 자리를 잃고 이리저리로 방랑하게 된다.

이 과정에서 그들의 권리는 무참히 짓밟혔으며 피로 얼룩진 역사 속에서 전통을 잃고 고통스러운 삶을 살아가게 간다.

미국의 영토 확장이 활발했던 19세기에는 인디언들을 보호구역에 강제 수용시키기에 이른다.

인디언 보호구역(Indian Reservations)은 미국 국무부 인디언 정책국이 지정한 아메리칸 토착민이 거주하는 지역이다. 이 보호구역 안에서 그들은 자신들만의 의회, 행정부, 사법부 조직을 가지고 독립적으로 부족민들을 통치한다.

이것을 바로 부족 주권(Tribal Sovereignty)이라 부른다. 부족 주권은 연방 주권(Federal Sovereignty), 주 주권(State Sovereignty)과 함께 미국 주권의 3요소를 이룬다.

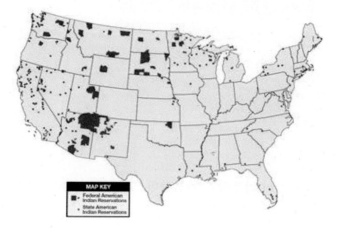

American Indian Reservations

아메리칸 인디언 보호구역 지도(출처: 미국 인구조사국 – U.S. Bureau of Census)

　현재 미국에는 약 326개의 인디언 보호구역이 있으며 인디언들의 숫자는 660만 명 정도로 알려져 있다. 인디언 보호구역 중에서도 영토가 큰 것으로 알려진 나바호 자치국(Navajo Nation)의 경우는 그 크기가 우리나라의 충청도, 전라도, 그리고 경상도를 합한 면적에 이른다.

　인디언들이 거주하는 곳에도 소방서가 있다. 뉴욕이나 시카고와 같은 대도시의 소방서처럼 많은 인원과 장비를 보유하고 있는 것은 아니지만 여느 소방서와 마찬가지로 인디언들의 생명과 재산을 보호하기 위해 존재한다.

　나바호 소방서의 경우 총 여섯 개의 소방안전센터를 보유하고 있다. 각 센터는 10~15명의 의용소방대원과 1~2명의 유급 소방관으로 운영된다.

나바호(Navajo) 인디언 보호구역을 지키는 소방관들이 포즈를 취하고 있다
(출처: 나바호 소방학교).

나바호(Navajo) 인디언 보호구역 소방관들이 식사 전 도열해 있다(출처: 나바호 소방학교).

주 임무는 화재 예방 및 진압, 구급, 인명구조, 위험물 사고 대응 등으로 해마다 평균 1,500건의 사고에 출동하고 있지만 열악한 재정, 인력과 장비 문제로 임무를 수행하는 데 어려움이 많은 것이 현실이다.

현재 미국 전역에서 얼마나 많은 인디언 소방관들이 존재하는지에 관한 정확한 통계자료를 찾아보기는 쉽지 않다.

아메리칸 인디언 산불화재 진압 소방대원들이 사진 촬영을 위해 포즈를 취하고 있다
(출처: 미 원주민 산불화재 소방대원 페이스북).

한 연구 자료를 보면 미국 전역에 약 6,000명이 넘는 인디언 소방관들이 산림지역이나 평야에서 산불진압 활동을 하는 것으로 나와 있다. 그들은 미연방 산림청(U.S. Forest Service)과 협력해 자신들의 삶의 터전을 화재로부터 보호한다.

대부분이 의용소방대원이며 위험을 무릅쓰고 출동하는 금전적 대가는 적다. 하지만 적은 급여 따위는 크게 문제가 되지 않는다. 인디언 소방 전사(Indian Fire Warriors)들에게는 자신들의 영토를 지키는 자부심이 더 소중하기 때문이다.

미국 소방관이 살기 좋은 도시는?

_소방관이 살기 편한 주(州) 탑텐(Top 10)

지난 2016년 미국의 한 소방 잡지가 흥미로운 조사를 한 적이 있다. 조사 내용은 미국에서 소방관으로 살기 편한 10개의 주를 선정하는 것이다.

주별로 소방관의 평균 급여 수준, 식료품 가격, 집값, 공공요금, 교통, 건강 및 기타 비용들을 종합해 10개 주를 선정했다.

선정된 주는 앨라배마, 플로리다, 아이다호, 일리노이, 인디애나, 미시건, 미주리, 네브래스카, 텍사스, 워싱턴이다.

미국 소방관이 살기 좋은 10개 주(출처: https://www.firerescue1.com/)

위와는 반대로 소방관 급여를 받고 살기엔 너무 비싼 도시들도 있다. 로스앤젤레스, 뉴욕, 덴버, 포틀랜드, 오스틴이 그 주범이다. 이곳에서 소방관으로 살려면 월급의 50% 이상을 주택 임대료로 써야 할 각오를 해야 한다.

같은 해 발표된 또 다른 조사도 눈길을 끈다.

조사 내용은 소방관 정규직 비율이 높은 주 5개와 최저 수준인 5개 주를 선정하는 것이다.

소방관 정규직 고용률이 높은 5개 주는 하와이(90.9%), 플로리다(51.8%), 매사추세츠(43.6%), 애리조나(42.7%), 캘리포니아(41.8%) 순으로 정해졌다.

반대로 의용소방대원 고용률이 높은 5개 주는 델라웨어(98.3%), 미네소타(97.2%), 펜실베이니아(97.1%), 노스다코타(96.9%), 사우스다코타(96.6%) 순이다.

미국 소방관들은 주별로 다양한 고용형태 속에서 일하고 있다.

미네소타주 새비지(Savage) 소방서에 파트타임과 유급 소방대원을 모집한다는 현수막이 걸려있다(출처: Savage Fire Department).

우리나라 소방관들과 같은 정규직 소방관도 있고, 하루에 몇 시간만 일하는 임시직, 출동을 할 때만 급여를 지급받는 유급직 (Paid-on-Call), 그리고 의용소방대원도 있다.

미연방 소방국(U.S. Fire Administration) 자료에 따르면 50개의 주 중에서 정규직 소방관 고용 비율이 의용소방대원의 비율보다 높은 주는 단 2개 주뿐으로, 몇몇 주는 거의 100%가 의용소방대원으로 구성되어 있다.

비정규직 소방관의 비율이 전체 소방관의 69%를 차지하고 높은 물가가 소방관의 삶을 옭아매는 미국의 이면을 보면 과연 미국이 소방관의 천국인지 의심스럽기까지 하다.

그런데도 미국의 소방관들은 "돈이 아닌 명예를 먹고산다."라고 말한다. 소방관이란 직업을 선택하는데 높은 연봉과 좋은 처우가 선택의 기준이 될 수는 없다는 말이다.

2015년을 기준으로 조사된 미국의 소방력은 전국적으로 3만여 개의 소방서에 116만 명의 소방관이 근무 중이다.

미국은 여러 가지 다양한 조사를 통해서 소방의 길에 입문하는 사람들이 더 현명한 결정을 내릴 수 있도록 돕고 있다.

자신의 직업을 사랑하고 소방관으로서 건강하고 행복한 삶을 살 수 있도록 국가와 시민들이 지원하는 것은 바로 소방관의 행복지수가 그 지역사회의 안전수준과 직접 연관되기 때문이다.

현재 대한민국에는 44,000여 명의 소방관이 있다. 서울에서 제주에 이르기까지 근무여건도 각양각색이다. 500여 명의 국가직 소방관을 제외하고는 99%가 지방자치단체 소속이다.

서울과 경기도를 제외하고 여러 지방자치단체가 재정 문제로 소방관의 삶과 행복 수준에 관해서는 관심을 가질 여력이 없는 듯 보인다.

2016년 7월 기준으로 소방관들에게 미처 지급하지 못한 수당만 해도 1,900억 원에 이른다는 보도도 있다.

국가적으로도 불과 2년 전 국가인권위가 소방공무원의 인권실태를 살짝 들여다본 것 말고는 소방관 행복지수의 관점에서 보면 아직 걸음마 단계다.

국가와 국민은 소방관들에게 높은 수준의 헌신을 요구한다.

하지만 술에 취해 소방관을 폭행하고 소방차의 진로를 방해해도 그 처벌에 대해서는 관대하기만 하다. 소방관이기 때문에 참아야 할 때가 한두 번이 아니다.

대한민국에서 소방관으로 당당하게 살아갈 수 있는 도시는 어디일까? 시민들의 안전의식이 높고 소방관을 존중하고 예우하는 그런 도시는 어디인가? 아니면 대한민국에 소방관이 살기 편한 도시가 존재하기는 하는 것인가?

이제 소방의 선진국들은 한 인간으로서 소방관이라는 어려운 길을 선택한 이들이 어떻게 하면 행복할 수 있을지에 관한 연구에 투자와 관심을 아끼지 않고 있다.

소방관들이 입는 '안전', 그 무게만 27kg

_미국 소방대원을 지켜주는 개인 보호 장비

　소방관에게 재난현장이란 수없이 많은 유해물질과 위험 상황이 총체적으로 집결된 끔찍한 지옥이다. 죽어가는 사람, 또 그들을 살리려는 소방관의 땀과 눈물이 뒤엉킨 현장은 그야말로 아수라장이 아닐 수 없다. 무섭고 외로운 현장을 지켜야 하는 소방관에게 의지할 것이 있다면 함께 출동한 동료들, 그리고 그들의 안전을 지켜줄 장비뿐이다.

　미국 소방관이 현장에 출동할 때 기본적으로 착용하는 개인 보호 장비는 헬멧, 후드, 공기호흡기, 방화복, 장갑, 부츠, 무전기 등으로 구성된다.

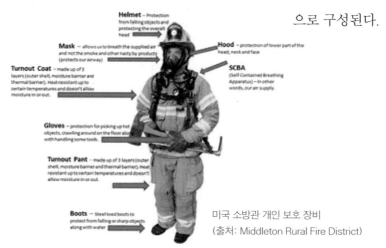

미국 소방관 개인 보호 장비
(출처: Middleton Rural Fire District)

소방관이 착용하는 장비의 무게를 모두 합해보면 약 27kg 정도다. 이는 우리나라 초등학교 3학년 아이의 평균 몸무게로 소방관들은 현장에서 3학년 아이 한 명을 업고 활동하는 것과 같다.

소방관의 생명을 지켜주는 장비는 그 중요성만큼이나 가격도 비싸다.

소방관 한 명이 착용하는 개인 보호 장비를 품목별로 평균 가격을 계산해보면 우리 돈 930만 원이나 된다.

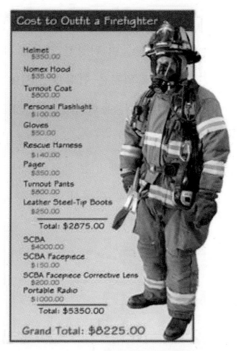

미국 소방관 개인 보호 장비 가격표(출처: 미국 Montgomery Township 소방서)

하지만 장비가 고가라고 해서 소방관의 안전과 보건이 자동으로 보장되는 것은 아니다.

소방관 개인 보호 장비는 효율적인 현장 활동이 가능할 수 있도록 활동성과 기능성이 담보되어야 하고 출동한 대원들의 생명과 직결된 제품인 만큼 엄격한 안전기준을 통과한 것이어야만 한다.

　현장에 출동한 대원들이 신뢰할 수 있는 제품 성능 기준, 투명하고 깐깐한 성능검사, 그리고 사용자의 섬세한 유지 보수와 사용 연한의 준수도 필요하다. 이 과정에서 하나라도 소홀하게 되면 소방관의 안전이 크게 위협받을 수 있다.

　미국방화협회(NFPA)는 소방관 개인 보호 장비와 관련해 까다로운 기준들을 마련해 놓고 있다.

　예를 들면, 방화복(NFPA 1971 기준), 근무복(NFPA 1975 기준), 방열복(NFPA 1976 기준), 산불화재 보호복(NFPA 1977 기준), 생화학 보호복(NFPA 1994 기준), 구급대 보호복(NFPA 1999 기준), 보호복 선택·유지·보수와 관련해서는 NFPA 2113 기준 등이 마련되어 있다.

　각각의 기준은 보통 3~5년마다 개정되며 기준마다 분야별 전문가로 구성된 기술 위원회(Technical Committee)가 그 활동을 주도하고 있다.

　기술 위원회에는 다양한 이해당사자들이 투표권을 가지고 참여한다.

　소방대원은 물론이고 제조업체 관계자, 대학교수, 보험업체 관계자, 미연방산업안전보건청(OSHA), 국립직업안전보건연구소

(NIOSH), 보험업자연구소(Underwriters' Laboratories), 미국시험재료협회(ASTM), 미국섬유화학염색협회(AATCC), 국제표준화기구(ISO) 등이 협업의 형태로 참여한다.

개인 보호 장비가 결코 만능은 아니다. 잘못 관리된 개인 보호 장비는 오히려 소방관에게 독이 된다.

미국에서는 몇 해 전 잘못 관리된 방화복을 입고 화재현장에 출동했던 한 소방대원이 진압 활동을 하는 도중 전신 2도의 화상을 입은 사례도 있었다. 방화복을 구성하는 3중 구조 중에서 중간층인 Moisture Barrier가 손상된 것을 미처 알지 못했기 때문이다.

재난현장은 어느 한 명의 영웅이 사건을 해결하는 영화와는 다르다. 잘 훈련된 소방관, 또 그들을 안전하게 지켜줄 수 있는 장비가 기본이다.

성능 기준이 허술해 모호하거나 혹은 기준이 너무 낮아 전문성이 없는 업체라도 누구나 만들어 낼 수 있는 제품으로는 절대 소방관을 보호할 수 없다.

또한, 업무의 특수성을 고려하지 않고 무조건 최저가로 입찰한 업체를 선정하는 조달시스템도 문제다. 나라를 지키는 군인들에게, 그리고 국가대표 선수들에게 가장 저렴한 장비를 지급할 수 없는 논리와도 같다.

부디 '안전 국가대표'인 소방관이 믿고 사용할 수 있는 장비가 더 많이 만들어지고 보급될 수 있기를 희망한다.

제대로 된 소방대책, 여기서부터 시작돼야 한다

_미국소방 수요조사 보고서의 의미… 멀리 봐야 높이 난다

2016년 미국방화협회(NFPA)는 미연방 소방국(USFA)과의 협업을 통해 '제4차 미국소방 수요조사(Fourth Needs Assessment of the U.S. Fire Service)'라는 제목의 의미 있는 보고서를 내놨다.

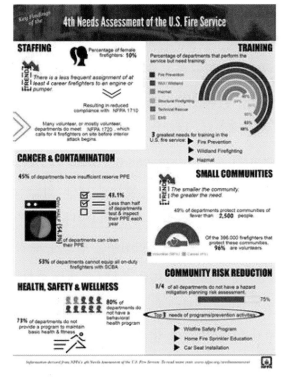

2016년 발표된 '제4차 미국소방 수요조사' 인포그래픽(출처: 미국방화협회)

이번 수요조사는 2001년, 2005년, 그리고 2010년에 이어 네 번째로 이뤄졌다.

5년 주기로 꾸준한 연구가 진행됐다는 점에서 보면 소방 조직이 얼마만큼 사람을 살리는 전문조직으로 거듭나기를 원하는지에 대한 그들의 끈질긴 열정과 노력을 느낄 수 있다.

수요조사에서는 인력, 예산, 장비, 훈련, 보건 및 안전 등을 포함한 미국소방이 현재 당면한 문제를 다각도로 분석해 그에 따른 수요를 파악하고 연방 차원에서 어떻게 해결해야 할지에 관한 방향을 제시하고 있다. 이렇게 해서 나온 결과는 연방정부의 '소방관 지원 보조금(Assistance to Firefighters Grant)'과 '적정 소방인력 보조금(Staffing for Adequate Fire & Emergency Response Grants)'이라는 프로그램을 통해 예산에 반영된다.

미국의 역사와 문화 전반에서 찾아볼 수 있듯이 그들은 하나의 정책을 만들 때에도 다양성을 바탕으로 한 사람 사이의 '조정(Coordination)과 협업(Cooperation)'이라는 마법을 통해 모두에게 안전하고 효율적인 작품을 만들어 낸다. 이는 수요조사에 참여한 자문 위원들의 면면을 살펴봐도 그렇다.

위원회는 미연방 소방국, 공공안전부문 담당자, 순직소방관 협회, 미국 여성소방대원 협회, 미국 흑인소방대원 협회, 미국 의용소방대원 협회, 미국 소방대원 협회, 소방안전보건담당관 협회, 미국 소방서장 협회, 미국 소방국장 협회, 미국방화협회 등 다양한 사람들이 모여 제각기 목소리를 내는 구조로 돼 있다.

여기에서 나온 안건들이 최종적으로 정리되면 연방정부의 안전을 향한 과감한 투자가 시작된다.

3만 개의 소방서와 116만 명이 넘는 소방관을 보유한 거대한 나라 미국은 5년마다 수요조사라는 조직 진단을 통해 더 많은 사람을 살리는 전문조직으로 거듭나고 있다.

지난해 5월 대한민국을 이끌어갈 새로운 대통령이 선출됐다. 대통령의 여러 공약 중에는 안전하고 건강한 대한민국을 만들겠다는 정책도 담겨 있다.

하지만 지나온 세월 동안 소방조직 개편을 포함한 우리나라 재난관리시스템의 역사를 살펴보면 기대보다는 우려가 앞선다.

문제가 생길 때마다 보여준 "땜질식 처방'에 더는 신뢰를 보낼 수 없기 때문이다.

2017년 새롭게 만들어진 소방청 홈페이지에
다양한 유니폼을 입은 소방관들의 사진이 걸려있다(출처: 소방청).

2004년 국민의 염원을 담아 만들어진 소방방재청은 10년 만에 국민안전처로 통합되는 어색한 변화를 겪어야만 했고, 국민안전처 역시 '국민불안처'라는 여론의 비판을 받은 채 3년도 되지 않아 역사의 저편으로 사라졌다.

이번 대통령의 공약에 따라 새로운 소방청이 만들어졌다. 하지만 기관의 명칭만 바뀐다고 해서 하루아침에 재난에 강한 소방조직이 되는 것은 결코 아니다.

재난대응의 중심에 서 있는 소방이 충분히 제 역할을 할 수 있도록 정확한 수요조사가 선행돼야 한다.

수요조사에서는 조직 이기주의를 넘어 안전을 염원하는 다양한 분야의 전문가들이 모여 대승적 차원에서 소방의 역할을 정해야 하고 그 역할을 안전하고 효과적으로 수행할 수 있도록 필요한 것들을 추진하는 것이 옳다.

부족한 인력과 장비, 모든 소방공무원의 국가직 전환 등 살펴볼 과제들이 산적해 있다.

새 정부에 거는 국민들의 기대가 그 어느 때보다 각별하다. 이번 기회를 통해 안전은 특정 정치인이나 정당이 바뀌더라도 절대 변하지 않는 최고의 가치라는 상식을 보여주길 바란다.

미국 소방차의 화려한 변신

_소방차에 메시지를 담는다

    화려한 색의 소방차들이 미국의 도로를 누비고 있다. 마치 서로 경쟁이라도 하듯 분홍색, 하얀색, 노란색, 주황색으로 옷을 갈아입은 소방차가 시민들의 눈길을 단번에 사로잡는다.

사우스캐롤라이나에 위치한 노스 찰스톤(North Charleston) 소방서의
분홍색 사다리차(출처: 노스 찰스톤 소방서)

펜실베이니아에 위치한 피츠버그(Pittsburgh) 소방서의
하얀색 대형 구급차(출처: 피츠버그 소방서)

인디애나에 위치한 브라운 타운쉽(Brown Township) 소방서의
노란색 펌프차(출처: 브라운 타운쉽 소방서)

뉴욕 주 오렌지 슬리피 할로우(Orange Sleepy Hollow) 소방서의
오렌지 색깔의 펌프차(출처: Pierce사)

빨간색 일색이던 소방차에 다양한 색채가 담기면서 도시에 생명력을 불어넣고 있다. 마치 1800년대 중반 미국의 모습으로 다시 회귀하는 모양새다.

그 당시 소방대원들은 자신들의 취향과 전통을 소방차의 색깔로 표현하는 데 공을 들였으며, 이는 곧 이웃 도시의 소방서와 경쟁으로 연결됐다.

색도 다양해서 녹색, 파란색, 하얀색 또는 노란색으로 포인트를 준 검은색 소방차가 등장했는가 하면 거무칙칙한 진한 빨간색(oxblood)의 소방차도 있었다.

1847년에는 머독(Murdock)이라고 하는 영국인이 그 당시 존재하지 않던 밝은 주홍색(Bright Scarlet)을 만들어 내면서 그때부터 이 색이 소방차를 대표하는 스탠더드가 된 것으로 알려져 있다.

미국 소방차 제조협회(Fire Apparatus Manufacturers' Association)의 자료에 따르면 현재 미국에는 128개의 소방차 제작사가 있다. 1900년대 초반부터 소방차를 제작해 100년이 넘는 역사를 보유한 회사도 있다.

소방차가 지역사회의 안전수준을 가늠케 하는 척도인 만큼 그들은 단순히 소방차를 만드는 것에서 멈추지 않고 어떻게 하면 시민 친화적이면서도 소방관의 자부심을 나타내고 의미 있는 메시지를 담아낼지 고민한다.

미국 성조기가 그려진 캘리포니아 나파(NAPA) 소방서 사다리차 (출처: 나파 소방서)

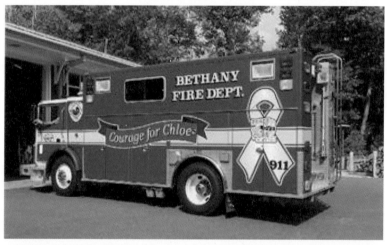

오클라호마에 위치한 베다니(Bethany) 소방서의 보라색 소방차. 암으로 고통받는 소녀들을 격려하기 위해 소방차를 보라색으로 색칠하고 노란색 리본을 새겨 넣었다(출처: 베다니 소방서).

2015년 국민안전처 소방행정 통계자료에 따르면 전국의 소방서는 약 1,200개 소(안전센터 포함)에 이른다. 3만 개가 넘는 미국의 소방서에 비하면 소방산업 시장의 규모는 대단히 협소한 편이다.

게다가 불과 10여 개 남짓 되는 소방차 제조업체들은 경영난에 시달리고 있다. 국가 예산이 마련돼야만 소방차 제작으로 연결되는 까닭이다.

한편 7개월가량 되는 빠듯한 조달 납기일을 맞추는 일도 쉽지 않다. 제품을 만들고 인증을 받기에도 벅찬 시간이다. 사정이 그렇다 보니 소방차에 어떤 메시지나 소방관의 자부심을 담는 일은 아예 기대하기도 힘든 상황이다.

소방차를 통해 메시지를 전달하고 소방관의 명예와 자부심을 담아낸 멋진 작품들을 언제쯤이면 만나볼 수 있을지 기대해 본다.

방화범 체포하는 미국 화재조사관

_불타버린 건물 속에서 진실을 파헤친다

'Fire Investigator' 또는 'Arson Investigator'라고 불리는 미국의 화재조사관은 화재 및 폭발의 원인과 발달과정을 밝혀내는 사람들이다.

시간을 되돌려 화재의 원인을 찾아내는 일은 대단히 복잡하고 어렵다. 때론 추리력과 집요함이 요구되고 원인이 되는 단서 앞에서는 과학적 마인드가 필요하다. 한편 방화범을 체포할 때에는 엄정하게 법을 집행하는 사법경찰로도 변신해야 한다. 그야말로 멀티 플레이어가 아닐 수 없다.

캘리포니아 가든 그로브(Garden Grove) 소방서 소속의 화재조사관들이 사격훈련을 하고 있다
(출처: Steven Georges/Behind the Badge OC).

업무 특성에 맞게 강력한 수사 권한도 주어진다. 뉴욕, 텍사스, 캘리포니아 등 여러 주에서는 화재조사관이 총기를 소지하며 방화범을 체포할 수 있는 권한도 부여하고 있다.

미국 노동부(Department of Labor) 통계자료에 따르면 2016년 5월 기준으로 1만 1,910명의 화재조사관들이 근무하고 있다.

화재조사관들의 근무지 분포 현황을 살펴보면 주(州) 소방국에서 근무하는 사람이 1,040명, 지자체 소방서에서 근무하는 사람이 9,310명이다.

나머지는 미연방 주류 담배 화기 단속국(Bureau of Alcohol, Tobacco, Firearms and Explosives, 이하 ATF), 미국 연방수사국(FBI), 대학교, 보험회사, 사설 화재조사기관 등에서 근무한다.

미국에서 화재조사관이 되기 위해서는 미국방화협회(NFPA) 기준 921과 1033에서 정한 엄격한 요건을 통과해야 한다. 총기를 소지하기 위해서는 경찰학교(Police Academy)에 입소해 7주간의 훈련도 받아야 한다.

ATF에서 운영하는 화재조사관 학교(Certified Fire Investigator School)는 2년 과정으로 대학원 수준으로 운영된다.

6주간의 이론수업과 교관의 감독 아래서 진행되는 100개의 화재현장 조사 실습으로 세계 최고의 조사관들을 배출하고 있으며, 2013년 한 해 동안 ATF 조사관들이 미국 전역에서 활약하며 조사한 화재 건수는 무려 1만 7,000여 건에 이른다.

주별 화재조사관 고용분포도(출처: 미국 노동부)

ATF 화재조사관들이 화재현장을 조사하고 있다(출처: 미 연방 주류.담배.화기 단속국)

화재조사관은 보통 현장 경험이 풍부한 소방대원이나 전직 경찰 출신 중에서 선발한다.

　　화재조사관들은 사법권을 가진 전문가로서 필요시 검찰의 지휘 아래, 경찰, ATF, FBI 등과 현장에서 공조수사를 진행한다. 최고의 결과를 위해 분야별 전문가들의 협업으로 화재조사와 수사를 일원화하고 있는 점이 눈에 띈다.

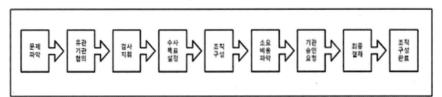

방화사건 합동 수사 흐름도

　　화재조사관의 업무 또한 화재를 진압하는 소방대원들과 거의 같은 수준으로 안전과 보건의 위협을 받고 있다.

　　업무 특성상 여러 종류의 위험 물질에 수시로 노출되며 현장 보존과 증거물에 온 관심을 기울이다 보니 조사관 개인 안전이나 건강에는 다소 소홀한 경향이 있어 다수의 화재조사관들이 만성 질환으로 고통받고 있기도 하다.

　　화재조사관들의 근무시간이나 근무형태는 주별로 다양하다. 연중무휴로 근무하고 야간 출동 등 근무시간도 불규칙하다. 근무 인원도 관할구역의 규모에 따라 10명 미만에서 120명으로 차이가 있다.

화재조사관 120명을 보유하고 있는 뉴욕소방서는 2015년 한 해 동안 총 6,612건의 화재조사를 시행해 1,733건을 방화로 결론 짓고 255명을 구속하는 성과를 거뒀다. 한 해 동안 수집된 화재 조사의 결과는 화재예방국(Bureau of Fire Prevention)에 전달돼 화재 예방 캠페인의 토픽으로 활용된다.

아직도 우리나라는 경찰의 '화재수사권'과 소방의 '화재조사권' 이라는 이원적 구조로 인해 해묵은 논쟁을 계속하고 있다.

현장에 제일 먼저 출동하는 소방관이 화재진압과 함께 화재조 사와 수사를 병행하는 것이 가장 효과적이다. 결국, 화재조사의 목적은 화재의 원인을 정확히 밝혀 국민의 생명과 재산을 보호하 는 것이기 때문이다.

미국을 지키는 '우먼파워' 여성소방대원

_출동에 남녀 구분 따로 없다

2015년을 기준으로 미국에는 116만 명의 소방관이 근무하고 있다. 이중 여성소방관의 숫자는 8만 5천 1백 명으로 전체 소방관의 7.3% 정도를 차지한다.

남성 중심 조직인 소방서에 여성들의 참여가 시작된 지도 벌써 200년이 지났다.

진압대원, 구급대원, 구조대원, 소방검열관, 화재조사관, 소방안전담당관, 훈련교관, 소방서장 등 다양한 방면에서 여성소방관들의 활약상을 보는 것이 이제는 어려운 일은 아니다.

2017년 뉴욕소방서 캘린더를 장식한 여성소방대원들(출처: 뉴욕소방서)

텍사스주 오스틴소방서(Austin Fire Department)의 소방서장 Rhoda Mae Kerr(가운데)가
직원들과 기념촬영을 하고 있다(출처: 오스틴소방서).

남성과 여성의 조화로운 협업을 통해 동일한 가치를 추구하는 미국의 소방서는 소방관 선발 체력시험에도 남녀 구분이 따로 없다. 이는 소방관 체력시험에서 남성과 여성의 기준이 다른 우리나라와는 다소 차이가 있는 부분이다.

여성들이 소방에 입문하게 된 시기는 1800년대로 거슬러 올라간다. 1815년 뉴욕시 노예였던 몰리 윌리엄스(Molly Williams)라는 여성이 오셔너스 엔진 컴퍼니 11(Oceanus Engine Company 11)의 소방대원이 된 것이 시초로 알려져 있다.

1920년대 후반에는 뉴저지에서 엠마 버넬(Emma Vernell)이라는 여성이 순직한 소방관이었던 남편을 따라 50세에 소방관이 되었다. 그녀는 뉴저지 주로부터 공식 임명을 받은 첫 번째 여성소방관이 됐다.

캘리포니아주 오렌지카운티에서 개최된 소방관 직업박람회(Firefighter Career Fair)에서
한 예비 소방관이 더미(dummy) 끌기에 도전하고 있다
(출처: California Firefighter Joint Apprenticeship Committee).

1942년 캘리포니아 산림국에는 여성으로만 구성된 첫 번째 산
불화재 진압팀(Forest Firefighting Crew)이 만들어진다. 진압팀
은 선임 소방관을 포함해 소방차 운전요원, 소방대원, 그리고 요
리사로 구성됐다.

이때까지만 해도 여성소방대원들은 정규직이 아닌 의용소방대
원이거나 출동이 있을 경우에만 비용을 지급받는 유급 소방대원
이었다.

최초로 정규직(Career) 소방관이 된 사람은 1973년 노스캐롤라이나에 사는 샌드라 포시에르(Sandra Forcier)라는 여성이다.

소방에 여성소방관의 참여가 늘어나면서 그들의 권익을 보호하는 단체도 등장하게 된다.

바로 미국여성소방대원협회(International Association of Women in Fire and Emergency Services)가 그것이다.

협회는 다양한 채널을 통해 여성소방대원들의 목소리를 대변한다. 협회의 멤버들은 미국방화협회(NFPA)에서 만들어 내는 각종 소방안전기준의 자문 위원으로도 활동하고 있으며 국립소방학교(National Fire Academy)를 비롯해 여러 소방관련 협회에 자문을 해 주기도 한다.

남성 일변도의 조직에 새로운 시각과 활력을 불어넣어 조직의 발전에 크게 기여하고 있다는 평가가 지배적이다.

여성소방대원을 위한 리더십 컨퍼런스에 참여한 대원들이 기념촬영을 위해 포즈를 취하고 있다
(출처: 미국여성소방대원협회).

최근 대한민국 소방에도 여성들이 참여가 늘어나고 있다. 2015년 국민안전처 통계자료를 보면 여성소방관은 2,729명으로 전체 소방관의 6.7%를 차지한 것으로 집계됐다.

이 기회에 우리도 여성소방관의 장점을 살린 시스템을 마련하는 등 그들의 역할에 대한 진지한 고민이 필요하다.

예술이 소방관을 만나다
_예술로 위로받는 소방관

    예술이 어느 특정한 사람들만의 전유물이라고 생각했던 때가 있었다.

    하지만 예술은 우리가 살아가는 삶의 모습을 반영한다는 점과 예술을 통해서 사회구성원들이 특정 사안에 대해 서로 공감하고 연대감을 이룰 수 있다는 사실에서 우리 모두를 위한 소통 채널이라고 할 수 있다.

    소방관들의 명예와 자부심 뒤에 가려진 고통, 즉 트라우마, 부상, 그리고 순직에 대해 두려움은 소방관의 행복과 사명감을 위협하는 요인들이다.

    그런 소방관들을 위로하고 그 직업적 소명에 색다른 의미를 부여하기 위해 예술인들이 나섰다.

    영화, 미술, 음악, 책 등 예술의 다양한 분야에서 소방관의 역할을 새롭게 조명하고 그들의 노고를 위로하는 작품들이 속속 등장하고 있다.

미국 NBC방송에서 인기리에 방영 중인 TV드라마 '시카고파이어(Chicago Fire)'는
시카고소방서와 소방대원들의 삶을 다룬 본격 소방드라마다(출처:NBC.com).

소방관을 위한 작품을 그리는 화가이자 소방관 아내이기도 한 조디 먼로(Jodi Monroe)가
자신의 작품 앞에서 한 소방관과 기념촬영을 하고 있다(출처: Model City Fire Fighter).

한편 2013년에는 애리조나 산불로 인해 19명의 산불 진압대원(Hotshot Crew)이 목숨을 잃은 사고가 있었다. 이 끔찍한 사고로 열아홉 가정이 가장을 잃었고 총 51명의 아이가 아빠 없는 천사로 남겨졌다.

이 사실을 알게 된 유명 컨트리음악 가수 디어크스 벤틀리(Dierks Bentley)가 동료 음악인들과 지역 방송국의 도움을 받아 그들을 추모하고 유가족을 위로하는 공연을 개최했다.

이날 모금된 공연 수익금 47만 6천 달러(우리 돈 5억 3천만 원)는 순직한 소방관들의 가정에 전달됐다.

컨트리 가수 디어크스 벤틀리가 애리조나 산불로 순직한 소방관들을 추모하는 공연을 하고 있다. 무대 정면에는 순직한 소방대원들의 사진이 걸려있다(출처: radio.com).

최근 우리나라에서도 소방관을 위한 예술인들의 참여가 본격적으로 시작됐다.

'필로(FILO)'라는 젊은 예술인들의 모임이 제일 먼저 그 문을 열었다. 'FILO'는 "First In, Last Out"의 약자로, "재난현장에 제일 먼저 들어가서 제일 마지막에 나온다."라는 의미의 소방관 모토다.

2017년 6월 3일 서울 서대문구 연희동에 위치한 L153 아트 갤러리에서 개최된 'FILO 46 47 소방관 전시회'에서 한국예술종합대학의 젊은 예술인들이 소방관을 위한 공연을 펼치고 있다.

'FILO 46 47 소방관 전시회'에서 캘리그라퍼 김정기 씨가 소방관을 위해 〈감동〉이라는 글을 써 보이고 있다.

예술이 '시대의 안전 파수꾼'인 소방관을 위로하고 그들의 역할을 새로운 각도에서 재조명하는 일은 감동이 아닐 수 없다. 하지만 그보다 더 감동을 주는 것은 소방관들의 삶 그 자체가 아닐까.

미국의 선진 소방을 만나는 가장 효과적인 방법

_세계 소방인들의 축제 보스턴 엑스포

요즈음 많은 소방관이 미국소방 탐방길에 나서고 있다.

다른 나라, 그중에서도 소방 선진국이라고 불리는 미국의 소방 시스템과 정책을 살펴보는 것은 대단히 의미 있는 일이다.

이 시간을 통해서 대한민국 소방의 문제점을 되짚어보고 새로운 해결방안을 제시받을 수도 있기 때문이다.

하지만 소방관들이 보내온 미국소방 탐방 일정을 살펴보면 조금 우려되는 대목이 있다.

빡빡한 일정은 말할 것도 없거니와 심지어 캐나다까지 방문 목적지에 포함돼 있다.

물론 출장 기간 동안 최대한 많은 것을 보고 좋은 성과를 내고자 하는 마음은 누구나 똑같을 것이다.

그러나 불과 열흘 남짓한 출장으로 미국의 모든 모습을 보는 것은 분명 한계가 있다. 거기에 비행시간과 시차, 그리고 현지 이동시간 등을 고려해 본다면 실제로 미국소방을 알 수 있는 시간은 그리 많지 않다.

한편 모든 대화를 영어로 해야 한다는 점은 또 다른 숙제다. 미국 소방관들과 심도 있는 논의를 하고 행간의 의미를 이해하려면 일정 수준 이상의 언어능력이 필요하다.

물론 전문 통역을 쓸 수도 있겠지만, 예산의 문제도 있고, 또 소방을 잘 알지 못하는 사람이 통역할 경우 관련 분야의 전문용어를 전달하는 데 있어서 오히려 혼란만 가중시킬 수도 있다.

따라서 사전에 충분한 자료조사와 준비가 돼 있지 않다면 소방 탐방은 그저 '수박 겉핥기'식 여행에 그칠 수도 있다. 이는 그동안의 해외 출장 보고서 내용이 출장 목적과 비교하면 턱없이 빈약하다는 점이 그런 우려를 방증해 준다.

인터넷에서 쉽게 구할 수 있을 정도의 자료가 아닌 실제 정책이 만들어지기까지의 생생한 과정과 고민을 듣는 것은 단지 1~2시간의 기관 방문으로는 얻기 어려운 고급 정보다.

결국, 미국소방 탐방은 양보다는 질로써 승부 내야 한다.

여러 기관을 일일이 방문해 보는 것도 의미가 있겠으나, 한 번에 미국소방의 모든 것을 살펴볼 수 있는 손쉬운 방법이 있다. 그것은 바로 소방엑스포에 참여하는 것이다.

해마다 보스턴에서 개최되는 소방엑스포는 그야말로 세계 소방인들의 축제이자 인적 네트워크의 장(場)이다.

전 세계 60여 개국에서 참석하며 300개가 넘는 소방 관련 기업체, 5천 명이 넘는 분야별 전문가, 그리고 미연방 소방국(USFA) 등 안전을 담당하는 정부 관계자들이 대거 참여하는 소방엑스포는 그 규모도 세계적 수준이다.

미국방화협회(NFPA)에서 개최한 '2017 보스턴 소방엑스포' 홍보사진(출처: 미국방화협회)

이곳에 미국소방이 고스란히 녹아있다. 미국소방의 현재와 미래, 그리고 다양성을 추구하면서도 하나의 공통된 가치를 추구하는 그네들의 모습이 모두 이곳에 모여 있다.

4일간 개최되는 엑스포는 새롭게 바뀌는 기준, 신제품 설명회, 소방정책과 규정에 대한 논의, 그리고 세미나 등 다채로운 행사들로 꾸려진다.

하지만 비싼 입장료는 감수해야 한다. 전시장 관람, 총회 및 세미나를 모두 즐기려면 우리 돈으로 130만 원 정도를 지급해야 한다.

그러나 다양한 분야의 전문가들과 정부 기관의 책임 있는 관계자들을 한자리에서 만나볼 수 있으니 그만한 비용을 지급할 가치는 충분하다.

2017 소방엑스포 총회 장면(출처: 미국방화협회)

소방엑스포 현장의 다양한 모습들 (출처: 미국방화협회)

엑스포에 참석하려면 사전에 철저한 준비와 전략이 필요하다. 엑스포에 참석하는 담당자들과 미리 충분히 교류하고 엑스포 기간 동안 회의나 저녁 식사를 잡아 놓는 것도 하나의 팁이다.

질문지나 협조 사항 등을 미리 조율하고 엑스포 기간 동안 충분히 논의한다면 의외로 큰 성과를 거둘 수도 있다. 미국소방을 깊이 있게 알고 싶은 이들에게 반드시 가 보라고 권해드리는 이유다.

총 쏘지 마세요! 저는 소방대원입니다

_방탄조끼 입고 출동하는 미국 소방대원

캘리포니아주 헤이워드(Hayward) 소방서와 경찰서가 총기 사고에 대비해 합동훈련을 하고 있다
(출처: Hayward-ca.gov).

미국의 한 통계자료에 따르면 미국인들은 세 집 걸러 한집 꼴로 총기를 보유하고 있는 것으로 나타났다.

해마다 미국에서는 총기로 인해 사망하는 사고가 3만 건이 넘는다. 매일 평균 82명이 총으로 인해 목숨을 잃는 셈이다.

총기 사고 유형은 주로 살인 등 범죄행위, 자살, 실수로 인한 총기 오작동 등이다. 사고 장소는 나이트클럽, 병원, 학교, 종교시설, 가정집 등이다.

다양한 사고 현장에 출동해 인명을 구조하는 소방대원 역시 총기 사고로부터 예외는 아니다.

재난현장에 출동해 대응하는 임무 자체만도 쉽지 않은 일인데, 무방비 상태에서 누군가가 겨누는 총구의 타깃이 될 수도 있다는 불안감은 소방대원들에게 이중 고통으로 다가온다.

실제로 몇 해 전 뉴욕에서는 정신질환을 앓고 있던 한 남자가 자신의 집에 직접 불을 지르고 소방서에 출동을 요청한 뒤, 화재 진압을 위해 접근하던 소방대원 2명을 총으로 조준 사격해 사망하게 한 일도 있었다.

워싱턴 D.C.의 한 가정에 출동한 4명의 소방대원이 총을 들이대는 집 주인에게 인질로 사로잡힌 사건도 충격을 더해준다. 결국, 경찰과의 대치 끝에 인질범은 사살되고 소방대원들은 무사히 구출되는 아찔한 상황이 연출되기도 했다.

사정이 이렇다 보니 미국에서는 소방대원들을 위해 한 단계 높은 수준의 보호 장비가 지급됐다. 바로 방탄조끼다. 보통 방탄조끼는 1개당 가격이 250달러 정도로, 무게는 대략 20파운드(9kg)다.

기존의 소방서비스가 화재·구조·구급을 중점적으로 다뤘다면, 요즈음은 화학·총기 사고를 포함한 테러 등 훨씬 복잡하고 위험한 사고로 영역을 넓혀가고 있다.

위스콘신주 메디슨소방서(Madison Fire Department)의 소방대원들에게 지급될
방탄조끼가 줄지어 놓여있다(출처: Amber Arnold/The Wisconsin State Journal)

이에 대한 대비책으로 2013년 미연방 소방국(USFA)은 '소방대원을 위한 총기 사고 행동 가이드(Fire/Emergency Medical Services Department Operational Considerations and Guide for Active Shooter and Mass Casualty Incidents)'를 배포한 바 있다.

가이드에서는 총기 사고에 출동해야 하는 소방대원들이 한 사람의 생명이라도 더 살리면서 동시에 자신들의 안전을 지키기 위해서는 관할 경찰 등 관계 기관과 지속해서 합동훈련을 해야 한다고 제시하고 있다.

경찰 등 관계 기관과의 실질적인 합동훈련은 소방관들이 총기 사고 현장의 특성을 보다 깊이있게 이해할 수 있도록 도와준다.

아울러 사고 현장에서의 효과적인 소방차 배치, 현장 진입 시 유의 사항, 개인보호장비 착용 등도 훈련을 통해 숙달시킬 수 있다.

　이 시간에도 힘들고 어려운 사고 현장을 지키고 있는 모든 소방관에게 경의를 표한다.

화재 탐지견, 화재조사라면 나도 전문가!

_화재현장에서 맹활약하고 있는 화재 탐지견들의 이야기

콜로라도 소방관이자 조각가인 오스틴 와이셀(Austin Weishel)이 만든 소방관과 화재 탐지견 청동상. "타버린 재로부터 해답을(From Ashes to Answers)"이란 제목의 이 동상은 워싱턴 DC의 한 소방서 앞에 전시돼 있다(출처: 미연방 소방국)

   미국인들에게 있어서 소방관과 개의 관계는 마치 야구와 애플 파이의 관계처럼 대단히 밀접하다.

미국에서 개가 처음으로 화재조사의 영역에 투입된 것은 1986
년도부터다.

첫 화재 탐지견(Accelerant Detection Canine 또는 Arson Dog)
으로 알려진 매티(Mattie)는 레트리버 종으로 미국 주류·담배·화
기단속국(ATF)과 코네티컷주 경찰국의 지원을 받아 화재의 원인
이 되는 다양한 인화성 액체를 탐지하는 훈련을 받았다.

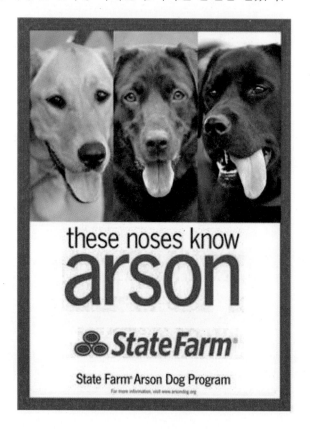

북미 최대 보험사인 스테이트 팜(State Farm)이 운영하는 화재 탐지견 프로그램 포스터
(출처: www.arsondog.org)

사람보다 10만 배 이상 더 뛰어난 후각을 가진 것으로 알려진 개가 화재 탐지견으로 활동하기 위해서는 200시간의 훈련 프로그램을 이수해야 한다. 게다가 매년 시험을 보고 자격도 갱신해야 한다.

제대로 된 화재 탐지견 한 마리를 만들어내는데 소요되는 비용은 총 23,000달러(우리 돈 2,500만 원) 정도다.

현재 미국에서 화재 탐지견의 자격을 인증하는 기관은 미국 주류·담배·화기단속국, 파이어 케이 나인(Fire K9), 그리고 북미 최대 보험사인 스테이트 팜(State Farm) 등이 있다.

텍사스 주 샌안토니오 방화국 소속의 화재 탐지견이 핸들러와 함께 포즈를 취하고 있다
(출처: San Antonio Fire Department).

현재 미국 전역에서 활동하고 있는 화재 탐지견 팀은 총 350여 개로, 각각의 팀은 화재 탐지견 1마리와 1명의 핸들러(Handler)로 구성된다. 화재 탐지견은 핸들러와 함께 24시간을 보낸다. 즉, 그들은 같이 일하는 파트너이자 곧 가족이 되는 셈이다.

한 화재 탐지견이 화재현장에서 단서를 찾기 위해 냄새를 맡고 있다(출처: 미연방 소방국).

화재 탐지견은 뛰어난 후각 기능을 활용해 소방과 경찰, 그리고 미국 주류·담배·화기단속국 등 다양한 분야에서 맹활약하고 있다.

2014년 미국방화협회(NFPA)에서 발표한 자료에 따르면, 미국에서는 해마다 26만여 건의 방화가 발생한다. 이로 인해 440명의 사망자, 1,310명의 부상자, 그리고 1천억 이상의 재산 손실을 입고 있다. 그야말로 방화는 미국 사회에 큰 골칫거리가 되고 있다.

화재 탐지견은 이러한 방화사고의 원인을 신속하고도 정확하게 탐지하는 데 큰 역할을 하고 있다.

사람이 하면 보통 며칠 걸릴 수 있는 현장을 고작 30분 이내에 냄새로 파악할 수 있으며, 혹시라도 현장에 방화범이 있다면 그의 옷이나 신발에 묻은 냄새를 통해서 탐지가 가능하다.

일단 화재의 원인이 되는 물질을 탐지하면 화재 탐지견은 그 자리에 주저앉는 것으로 핸들러에게 신호를 준다. 핸들러가 정확한 지점을 알려 달라고 말하면 자신의 발을 해당 지점에 올려놓는다.

화재 탐지견은 오로지 냄새라는 진실만을 추적하기 때문에 사람처럼 편견이나 선입견에 사로잡히지 않는 점도 강점이다.

화재 탐지견들은 자신의 핸들러와 함께 평생을 근무하며 은퇴해서도 핸들러와 같이 여생을 보낸다.

캘리포니아주 리치몬드 소방서 소방관들이 화재 탐지견 엘리(검정색)의
은퇴식에서 함께 포즈를 취하고 있다(출처: WTVR.com).

인간과 끈끈한 유대감을 과시하며 지역사회의 안전에도 일익을 담당하는 화재 탐지견들은 오늘도 끊임없는 훈련과 타고난 후각을 통해 화재조사 현장을 누비고 있다.

드론, 하늘을 나는 소방관의 눈

_첨단기술로 재난을 잡는다

재난에 효과적으로 대응하기 위해서는 사고 초기에 정확한 상황 파악(size-up)이 절대적으로 중요하다. 하지만 소방관의 접근을 어렵게 만드는 사고 유형들이 있다. 홍수, 지진, 고속도로 연쇄 추돌사고, 싱크홀과 같은 붕괴사고, 스케일이 큰 산불화재, 기차 탈선사고, 위험물 누출 및 폭발사고, 테러 등 헤아릴 수 없을 정도다.

이런 사고들은 재난현장 자체가 소방관에게 위험할 뿐만 아니라 사고 반경이 넓어 소방관들이 원거리에서 평면적 시각으로 바라보며 대응하는데 여러모로 한계가 있을 수밖에 없다.

뉴욕소방대원들이 드론을 활용하는 훈련을 하고 있다(출처: The New York Times).

버지니아주 베드포드(Bedford) 소방대원들이 드론을 활용하는 훈련을 하고 있다
(출처: EyeOnDrones.com)

하지만 드론이 소방업무에 도입되면서 소방의 대응역량과 영역을 한층 넓혀주었다. 재난현장을 하늘에서 입체적으로 바라보면서 보다 효과적인 대책 마련이 가능해졌고 시민과 소방대원들의 안전도 챙길 수 있게 됐다.

드론을 활용해 화재진압 현장을 공중에서 촬영하고 있다(출처: www.fireengineering.com).

드론으로 촬영한 고화질의 영상이 실시간으로 지상의 소방대원에게 전달되면 현장 지휘관은 전송된 영상을 태블릿이나 스마트폰으로 보면서 현장을 입체적으로 파악하고 지휘하게 된다. 촬영된 영상은 파일로 저장해 향후 화재조사를 위한 증거물로도 사용할 수 있다.

최근 드론 시장은 무섭게 성장하고 있다. 미국의 포춘(Fortune)지가 발표한 자료에 따르면 2015~2025년까지 드론의 경제효과는 우리 돈으로 94조 원에 도달할 전망이다.

드론의 진화는 단순히 현장을 보여주는 것을 뛰어넘어 드론이 직접 인명을 구조하고 화재를 진압하는 지경에 이르렀다.

메인(Maine)강에 고립된 소년들을 구조하기 위해 드론이 활용되고 있다(출처: FOX&friends).

소방서에서 사용하는 드론은 크기, 견고성, 적재량, GPS, 카메라, 열화상 카메라 등 장착된 전자 장치에 따라서 가격도 천차만별이다.

저렴한 것은 200달러에서부터 시작해 고가 드론은 2백만 달러(우리 돈 22억 8천만 원)나 된다.

드론이 소방업무에 투입된 것은 불과 몇 년 되지 않았지만, 그 활용도는 우리의 상상을 초월한다.

하지만 아무리 드론을 공공의 안전을 위해 사용한다고 하지만 반드시 살펴봐야 하는 부분들이 있다.

우선은 미연방 항공국(Federal Aviation Administration)에서 정한 드론 운행 허가와 등록, 훈련 및 드론 운항관리사의 자격 등 까다로운 요건들을 모두 충족해야 한다.

한편 드론이 가진 여러 가지 장점에도 불구하고 위험성 역시 존재한다. 숙련된 운항관리사가 아닌 경우 드론이 추락해 시민들의 안전을 위협할 수도 있으며 전선을 훼손해 전기 공급이 차단될 수도 있다.

지정된 장소가 아닌 곳에서 훈련을 하거나 운행할 경우 항공기의 운항을 방해할 수도 있다. 실제로 미국의 한 산불화재 현장에서는 예상치 못한 드론의 출현으로 산불화재를 진압하던 항공기가 비상착륙을 해야 했던 적도 있었다.

현재 대한민국 소방관들도 드론을 활용해 소방서비스를 향상하려고 노력하고 있다.

하지만 여러 가지 법적 요건과 훈련 규정, 소방용 드론 전문가 양성 등 장기적 관점에서 로드맵을 마련해 운행해야 한다. 자칫 사람 잡는 드론이 되지 않도록 고민해 봐야 한다.

화재 빈발하지 않아 증원 반대?

재난 모르는 궤변에 불과

-2017년 7월 8일 오마이뉴스 기고문-

국민의당이 어깃장 놔도… '소방관 증원'이 답입니다

국민의당 황주홍 의원이 지난 3일 오전 국회 본청에서 의원총회에 참석해 생각에 잠겨 있다.

지난 4일 황주홍 국민의당 의원은 소방관 증원과 관련해 화재 건수가 많지 않다면서 반대 입장을 내놨다. 요약하면 '불이 자주 나지 않으니 소방관 증원이 필요하지 않다'는 논리다.

그러면서 지금의 소방관 동원 체계를 보다 정교화하고 과학화 하면 된다는 취지의 대안까지 내놨다. 이 발언과 관련해 현장에 서는 비판의 목소리가 크다.

논란이 커지자 국민의당은 지난 7일 "우리나라가 '공무원들의 나라'가 돼 가고 있다는 비판 여론 속에서 단순 공무원 숫자만 늘리려 하는 점을 지적한 것"이며 "공공부문 구조조정을 통해 합리적 재배치 작업이 정교하게 이뤄져야 한다, 현장 소방관들은 최우선으로 추가 배치와 증원이 요청되는 직역인 것으로 판단하고 있다."라고 해명했다.

당 차원에서 해명을 했다곤 하지만, 황 의원의 발언은 재난의 기본 개념은 물론이거니와 소방관들이 안고 있는 기본적인 문제점조차 제대로 파악하지 못하는 수준이었다.

현재 대한민국 소방은 법에서 정한 기준에도 훨씬 못 미치는 인원으로 현장에서 고군분투하고 있다. 국민안전처에 따르면 법에서 정한 소방관 정원을 맞추려면 앞으로 1만 9,000여 명을 더 채용해야 한다.

현재 대한민국 소방관은 4만 5,000여 명 정도다. 이 중 99%가 지방자치단체 소속의 지방공무원이며, 1%에 해당하는 500여 명만이 국가직 소속이다.

이렇듯 소속과 신분이 다른 사람들을 정교화하고 과학화해서 동원한다는 건 결코 쉬운 일이 아니다.

또 '화재가 빈번하게 발생하는 게 아니니 공무원 숫자를 늘리는 것은 국가 재정에 막대한 영향을 준다.'는 논리는 재난의 트렌드가 이미 엄청나게 변했다는 것조차 이해하지 못하는 궤변으로밖에 들리지 않는다.

소방관은 불만 끈다? 그런 시대 지난 지 오래

서울 강남소방서가 지난 6월 27일 오후 3호선 신사역에서
지하철 화재를 대비한 소방합동훈련을 시행하고 있다.

소방이 화재·구조·구급과 같은 전통적 서비스에서 벗어나 위
험물 사고, 수난구조, 산악구조, 드론을 활용한 인명수색, 대테러
지원활동 등 복잡하고 대형화된 재난의 예방과 대응의 첨병으로
그 역할을 변신한 지 이미 오래다.

한편 소방관들이 크고 작은 생활 속 안전사고에 출동하는 건수
는 이루 헤아릴 수 없을 정도로 많다.

멧돼지나 뱀을 잡아달라는 요청에서부터 벌집 제거, 동물구조,
심지어는 아파트 단지 앞에 아침마다 울어대는 새소리를 어떻게
해달라는 황당한 신고까지도 소방관이 출동한다.

그만큼 소방은 시민들의 생활 속에서 가장 밀접한 관계를 맺고 있는 국가 안전서비스의 중요한 한 축인 것이다.

지난 5월 문재인 정부가 출범하면서 그 어느 때보다 소방관에 대한 관심과 격려가 높다. 특히 대통령이 소방서를 방문해 직접 소방관에게 커피를 따라주는 장면을 보면서 많은 소방관이 희망의 불꽃을 봤다.

이는 박근혜 전 대통령의 취임식장에 소방관을 동원해 제설작업을 시키고 의자를 정리시킨 것과는 대단히 대조적인 모습이다.

2013년 2월 22일 오전, 소방관들이 박근혜 당선인 취임식장에 쌓인 눈을 치우고 있다.

문재인 대통령이 7일 오전 일자리 추경 현장 방문으로 서울시 용산구 용산소방서를 방문, 지난 3월 11일 주택화재 현장에서 손에 상처를 입은 김성수 소방대원의 손을 잡아주고 있다.

미국, 기준 미달에 절치부심…
한국은 소방관 1명이 구급 출동하기도

소방관이 부족한 현상은 어제오늘의 일이 아니다. 상황이 그렇다 보니 일부 지방에서는 소방관 1명이 구급차를 타고 출동하는 경우도 있다. 효과적인 소방 서비스가 이뤄지기 힘든 조건이다.

지난해 미국에서 발표된 '제4차 미국 소방력 수요조사(4th Needs Assessment of U.S. Fire Service)'에 따르면 소방 선진국이라고 불리는 미국조차도 소방차 1대당 4명이 타야 하는 기준을 충족하지 못해 현장에서 어려움이 많다는 점을 지적하고 있다.

116만 명의 소방력을 자랑하는 미국이지만 정규직 소방관 비율은 고작 30%에 불과하다. 나머지 70%에 해당하는 소방관들은 의용소방대원이거나 혹은 출동할 때마다 수당을 받는 유급 소방대원이다. 미연방 소방국은 5년마다 소방 수요조사를 해 기준에 맞는 소방력 배치를 위해 절치부심하고 있다.

2014년 세월호 참사, 2015년 메르스 사태 그리고 2016년 발생한 돌고래호 사고에 이르기까지 대한민국은 매번 재난 앞에서 무기력한 모습을 보여줬다.

이제는 대한민국 국격에 맞는 우선순위 조정이 필요해 보인다.

문재인 대통령이 7일 오전 서울시 용산구 용산소방서를 방문, 지난 3월 11일 주택화재 현장에서 손에 상처를 입은 소방대원들이 사용했던 장비에 대해 최송섭 용산소방서장으로부터 설명을 들으며 대화하고 있다.

아울러 '초라한 영웅'인 소방관들의 의미 없는 부상과 순직은 계속될 것이다. 그들 역시 소방관이기 이전에 대한민국이 지켜줘야 할 국민이기도 하다. 예산의 부족을 소방관의 죽음으로만 메워서는 안 된다.

예전에 황주홍 의원이 선거에 출마하면서 던진 출사표를 보면 '우리나라에서 가장 높은 벼슬자리가 바로 국민'이라는 말이 나온다.

정부는 국민의 안전을 위해 소방관을 증원하겠다는 것인데 "화재가 빈발하는 것이 아닌 만큼"이라는 전제를 달면서 공무원 증원에 반대 입장을 취했던 것인지 이해하기 어렵다.

대한민국은 국민 안전을 어디쯤 놓을 것인지 국가 우선순위를 분명히 해야 한다. 그리고 그 국민 안전을 지키는 소방관에게 명확한 임무를 부여하고, 그에 걸맞은 업무환경을 마련해줘야 한다.

　소방관 인원 부족은 그저 사명감이나 영웅이란 달콤한 말로만 해결될 문제가 결코 아니기 때문이다.

이건의

재미있는 미국소방이야기

Part III

재외공관 소방안전까지 꼼꼼히 챙기는 미국

_안전 사각지대를 찾아내려는 미국의 노력

지난 2016년 5월 미국 국무부 감찰국(Office of Inspector General)은 슬로바키아에 있는 미국 대사관에 대해 감사를 20일 동안 진행했다.

슬로바키아 소재 미국 대사관에 대한 미 국무부 감찰국(Office of Inspector General) 감사보고서
(출처: 미 국무부 감찰국)

감사에서는 화재경보설비 관리 소홀과 개정된 주거지 안전, 보건 및 화재예방 점검표를 사용하지 않는 점들이 지적됐으며, 아

울러 문제 해결을 위한 권고 사항도 제시됐다.

미 국무부 자료에 따르면 현재 해외에 나가 있는 미국 대사관은 전 세계적으로 모두 194개소에 이른다. 여기에 영사관까지 합하면 그 숫자는 300개소나 되는 것으로 알려져 있다. 이렇듯 많은 재외공관과 자국민의 안전을 지키기 위해서 미 국무부 재외공관 담당국(Bureau of Overseas Buildings Operations)에서는 '소방장비를 위한 절차 및 가이드라인(Procedures and Guidelines for Fire Equipment, 15 FAM 840)'을 마련해 사용하고 있다.

국가별 상황에 따라 천차만별인 안전기준을 해당 국가에만 전적으로 의존하지는 않겠다는 의지가 엿보인다.

해외에 나가 있는 재외공관을 직접 방문해 위험요인을 찾아내고 현실적으로 가능한 해결방안을 제시해 자국민과 그들의 근무지를 안전하게 지키려는 노력에서 왜 미국이 안전 선진국인지를 다시 한 번 확인할 수 있다.

한편 2006년에는 뉴욕소방서가 유엔본부를 대대적으로 소방검사한 일도 있었다.

처음에는 소방검사를 시행하는 사안에 대해 뉴욕소방서와 유엔 사이에 '법적 관할구역(Legal Jurisdiction)' 문제로 진통을 겪었으나, 결국 뉴욕소방서는 자국민과 외국 여행객들의 안전을 지켜야 한다는 이유를 들어 소방검사를 관철시키고 만다.

2007년 반기문 유엔 사무총장과 만난 뉴욕시장 블룸버스(Bloomberg)
(출처: www.intercitypress.com)

이렇게 실시된 소방검사 결과는 그야말로 충격적이었다. 1952년 유엔청사가 건립된 지 처음으로 실시된 소방검사에서 무려 866건의 안전규정 위반이 적발됐기 때문이다.

물론 866가지나 되는 지적사항을 한 번의 소방검사로 해결할 수는 없을 것이다.

그러나 관할권이 없는 유엔청사까지도 소방검사를 실시해 안전에 대한 경각심을 일깨우고 그들의 현주소를 인식시켜 준 것은 큰 성과로 평가된다.

대한민국에 소재한 수많은 외국 공관들, 그리고 외국에 나가 있는 163개소나 되는 대한민국 재외공관 역시 모두 안전하게 보호 받아야 할 대상들이다.

2014년 발생한 주한 미국 대사관 화재를 비롯해 전 세계 재외 공관에서 크고 작은 안전사고들이 간간이 언론을 통해 소개되고 있다.

우리도 이번 기회를 통해 국가 또는 관할권을 가리지 않고 대한 민국 국격에 맞는 안전기준을 마련해 행여 안전의 사각지대가 존 재하지는 않는지 살펴볼 일이다.

소방관이 겪는 끔찍한 고통,
미국에선 동료 소방관이 돕는다

_소방관 살리는 동료상담사들

한 소방관이 힘들어하는 동료 소방관을 위로하고 있다. (출처: www.EveryoneGoesHome.com)

소방관들은 일반인들이 평생 한 번 접하기 힘든 끔찍한 상황에 끊임없이 노출되고 있다. 이로 인해 외상 후 스트레스 장애(Post-Traumatic Stress Disorder)를 겪으며 고통받는 소방관들이 적지 않다.

외상 후 스트레스 장애란 심각한 외상을 보거나 혹은 직접 겪은 후 나타나는 불안장애를 말한다. 소방관이 아무리 강한 체력과 정신력으로 무장되었다고 해도 그 역시 사람인 이상 분명히 한계는 존재하는 법이다.

문제는 이 증상이 지속되면 일상생활에서 집중력 저하와 수면 장애 같은 불편함을 겪기도 하고, 간혹 공황 발작과 같은 불안을 느끼거나 환각을 경험하는 것으로도 알려져 있다. 심할 경우에는 자살 충동을 느끼기도 한다.

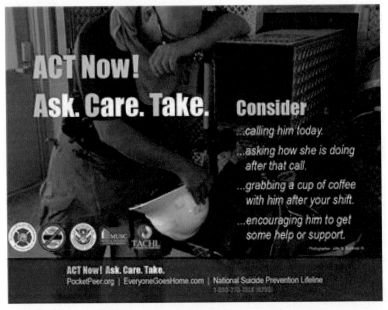

소방대원 자살을 예방하기 위한 "Everyone Goes Home" 캠페인 포스터. 동료들의 관심과 적극적인 지원이 필요하다고 강조하고 있다(출처: www.EveryoneGoesHome.com).

전문가들은 외상을 경험한 환자를 충분히 지지해 주고 격려해서 환자가 외상에 대해 스스로 이야기할 수 있도록 분위기를 마련해 주는 것이 초기 치료에 대단히 중요하다고 지적한다.

이야기를 충분히 들어준 뒤 상담을 통해 대처 방법에 대해서도 교육해 주고, 사안에 따라서는 전문가에게 약물치료와 정신치료를 병행해서 받는 것이 좋다. 미국소방은 이미 1970년대부터 '직장인 지원 프로그램(Employee Assistance Programs)'을 개발해 소방대원의 정신건강에 관심을 두게 된다.

이 프로그램은 1980년대와 1990년대를 거쳐 계속 그 영역을 확장해 오다가 2001년 911 테러와 2005년 허리케인 카트리나 사고를 겪으면서 특히 동료상담(Peer Support) 부분의 중요성이 부각되기 시작했다.

최근 미국소방에서 가장 활발하게 동료 상담 활동을 선도하고 있는 단체가 있다. 바로 '일리노이 소방관 동료 지원팀(Illinois Fire Fighter Peer Support Team)'이다.

일리노이 소방관 동료 지원팀이 소방대원 자살 예방에 관한 교육 프로그램을 진행하고 있다
(출처: 일리노이 소방관 동료 지원 페이스북).

2013년 결성된 이 팀은 "소방관은 서로 돕는다(Fire Fighters Helping Each Other)."라는 구호를 내걸고 어려움에 처해있는 소방대원들을 찾아 나선다. 이 팀의 구성원들은 소정의 교육을 마치고 상담훈련까지 마친 소방관들로 구성되어 있다.

한편 2014년 한 비영리조직이 만든 '로즈크랜즈 플로리언 프로그램(Rosecrance Florian Program)'도 눈여겨볼 만하다. 이 프로그램에는 경찰, 소방, 군 관계자, 목회자, 상담사 등 다양한 사람들이 참여해 정기적으로 동료 상담 교육과 심포지엄도 개최한다.

2016년 시카고 인근에서 개최된 'Rosecrance Florian Program'에 참석한 사람들이 강의를 듣고 있다. 캐나다를 포함한 20개 주에서 200여 명이 참석했다(출처: www.rosecranceflorian.org).

이들의 경험과 노하우는 이미 보스턴, 로즈 아일랜드, 뉴욕소방서 등으로 전파됐다.

이외에도 시카고 소방서는 45명의 소방관 동료상담사들로 구성된 '게이트키퍼스 프로그램(Gatekeepers Program)'을 운영하고 있으며, 뉴욕소방서는 동료상담을 위해 100명이 넘는 직원과 동료상담사들을 충원해 운영하고 있다.

미국소방대원협회(International Association of Fire Fighters) 역시 미국의 모든 소방서에서 동료 지원 프로그램이 정착될 수 있도록 계속해서 교육하고 지원할 방침이라고 한다.

소방대원의 건강한 신체와 정신까지 챙기는 미국의 다음 여정은 현직 소방관과 그 가족을 넘어 퇴직한 소방관까지 동료 상담의 영역을 확대해 나가는 것이라고 하니 같은 소방관 입장에서도 부럽기만 하다.

우리나라에도 소방관을 살리는 동료상담사들이 있다. 최근 왕성한 활동을 전개하고 있는 팀이 바로 경기도 북부소방재난본부에 설치된 '소담팀(소방공무원 동료 상담팀)'이다.

경기도북부소방재난본부 동료 상담지도사 박승균 소방관이
동료 소방관들과 이야기를 나누고 있다(출처: 연합뉴스).

소담팀의 역할 역시 각종 현장에서 받은 상처와 트라우마로 고통받고 있는 동료들을 직접 찾아가 이야기를 나누며 올바른 해결 방안을 제공하는 것이다.

소방관은 더 이상 영화 속 영웅도 슈퍼맨도 아니다. 그들 역시 우리와 똑같은 감정을 지닌 사람이다. 다만 누군가의 아픔과 고통을 해결해 주기 위해, 그리고 사람을 살리기 위해 끊임없이 노력하는 이 시대의 용감한 시민일 뿐이다.

이젠 우리가 그들의 이야기에도 조금은 귀 기울여줘야 할 때가 온 것이 아닌가 생각해 본다.

세계 소방관 올림픽, 스포츠로 통하다

_'2018 충주세계소방관경기대회'에 거는 기대

다음 달 미국 LA에서는 '2017 세계 경찰관 & 소방관 경기대회 (World Police & Fire Games)'가 개최된다.

다음 달 7~16일까지 미국 LA에서 개최되는 '2017 세계 경찰관 & 소방관 경기대회' 홍보 이미지
(출처: 세계 경찰관 & 소방관 경기대회)

2년마다 개최되는 이 대회는 1983년 비영리단체인 캘리포니아 경찰 체육연맹(Californian Police Athletics Federation)에 의해 만들어졌으며, 1985년 캘리포니아 산호세(San Jose)에서 첫 번째 대회를 치르게 된다.

이 기간만큼은 모두가 무거운 유니폼을 벗어던지고 스포츠를 통해 서로의 기량을 겨루며 소통과 화합의 시간을 갖는다.

경찰관과 소방관들이 참여하는 대회라고 하지만 그 규모는 여느 올림픽 수준 못지않다. 전 세계 70여 개국에서 1만 명 이상의 선수가 참여하며, 선수의 가족과 동료들까지 포함하면 참가자 수는 무려 2만 5천 명에 이른다.

이런 인기를 반영이라도 하듯 2019년에 중국, 2021년에는 네덜란드에서의 대회 개최를 이미 확정 지었다.

최근 대한민국에서도 반가운 소식이 들려온다.

전 세계 소방인들이 대한민국 충주에 모여 성대한 올림픽을 치른다고 한다. '2018 충주세계소방관경기대회(World Firefighters Games)'가 바로 그것이다.

이시종 충북지사(가운데)와 세계소방관경기대회 운영본부 관계자 등이 4월 26일 충북도청에서 '제13회 세계소방관경기대회' 개최를 확정짓고 기념촬영을 하고 있다 (출처: www.worldfirefightersgames.com).

'세계소방관 경기대회'는 1990년 뉴질랜드에서부터 시작됐다.

2년마다 개최되는 이 대회는 소방인들에게는 아주 특별한 의미를 갖는다. 기존의 '세계 경찰관 & 소방관 경기대회'가 오직 정규직(Full-time) 소방관들만 참가신청을 받았기 때문에 사실 모든 소방관들에게 열린 문은 아니었다.

　하지만 이 대회가 만들어지면서 전. 현직 소방관, 의용소방대원, 군 소방대원, 소방관 가족 등 모든 소방인들의 참가가 가능하게 됐다. 스포츠를 통해 모든 소방인들이 하나로 통할 수 있는 만남의 장이 마련된 셈이다.

　내년에 개최될 충주대회는 지난 2010년 대구에 이어 대한민국에서 개최되는 두 번째 소방 올림픽이다.

2010년 대구에서 개최된 세계소방관경기대회 다트부문에서
입상한 소방관들이 시상대에서 기념촬영을 하고 있다.

이번 대회를 성공적으로 만들기 위해 이미 충청북도 소방본부에 조직 위원회를 꾸리고 본격적인 준비와 홍보에 들어갔다.

한편 소방을 사랑하는 다양한 분야의 전문가들도 재능기부의 형태로 참여한다.

우리나라 최초의 소방 웹툰 '불꽃에 휘날리다'의 휴빛 작가, 그리고 충주세계소방관 경기대회 추진단 현판의 글씨를 직접 써준 캘리그라퍼 김정기 작가가 이미 참여했다.

이외에도 『뮤지컬 파이어맨』 연출가 임한창, 작곡가 배건호, 한울영화사 대표 조백만 등도 참여할 예정이다.

내년에 개최될 충주대회는 2010년 대구 대회의 경험과 노하우를 잘 살려 전 세계 소방인들이 진정으로 화합하고 서로를 격려하며 뛰놀 수 있는 행복한 놀이터로 거듭나길 기대해 본다.

항공기 격납고 소화 설비, 정비사 안전도 '위협'

_소화 설비 오작동 46%가 사람의 실수

해마다 미국에서는 격납고에 설치된 소화 설비가 오작동하는 사고로 인해 골머리를 썩고 있다. 소화 설비가 오작동하면 항공기는 물론이고 자칫 정비사의 안전까지도 위협할 수 있다.

2009년 사우스캐롤라이나에 위치한 한 공군기지에서 오작동한 소화약제에 잠긴 F-16 전투기
(출처: Shaw AFB, South Carolina)

2013년 캘리포니아의 한 공군기지에서 오작동으로 누출된 소화약제를 한 군인이 치우고 있다
(출처: Travis AFB, California).

격납고는 항공기를 악천후나 태양의 직사광선으로부터 보호해
주며 각종 점검과 정비가 이루어지는 곳이다.

미국의 한 사설 격납고 모습(출처: Vine Jet Hangar Space)

소화 설비는 격납고의 건축 연도, 면적, 용도 등을 종합적으로 고려해 법적 요건에 맞게 설치하는데 보통 '포소화 설비(Foam System)'가 사용된다.

설치되는 소화 설비 시스템은 수성막포(Aqueous Film-Forming Foam)와 고팽창포(High Expansion Foam) 두 가지 형태로 나뉘며, 약제의 주성분은 불소계 계면활성제로 물과 혼합해서 사용한다. 산소차단과 냉각 효과가 뛰어난 것으로 알려져 있으며 비누 거품과 유사한 모양을 띤다.

일단 방출되면 4분 이내에 성인 키를 훌쩍 뛰어넘는 거대한 비누 거품 바다를 만들 정도로 반응속도가 빠른 점이 특징이다.

플로리다주 한 격납고에서 고팽창포 소화약제를 테스트하는 장면
(출처: Patrick Air Force Base, Florida)

최근 미 공군에서 발간한 보고서에 따르면 지난 2002년부터 2015년까지 오작동으로 누출된 사고는 총 81건에 이른다고 한다.

오작동 사고를 사례별로 분석해 보면 사람의 실수(Human Error)가 45.9%, 환경적 요인(Environmental Causes)이 34.6%, 장비 고장(Equipment Failure)이 12.5%, 그리고 소화 설비가 잘못 설계되었거나 시공된 사례(Improper Design/Installation)가 7%다.

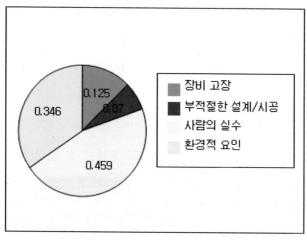

격납고 소화 설비 오작동 사례 분석 차트

일단 소화 설비 오작동 사고가 발생하면 그 피해 정도는 심각하다.

2014년에는 1명의 정비사가 건물 밖으로 대피하지 못한 채 소화약제에 파묻혀 사망하는 사고가 있었는가 하면, 그동안 항공기가 소화약제에 파묻혀 입은 물적 피해만도 우리 돈으로 수천억 원에 이르는 것으로 집계됐다.

상황이 이렇다 보니 항공기를 보호하겠다며 설치한 소화 설비가 오히려 항공기를 위협하는 모양새가 됐다.

이런 문제점을 해결하기 위해 몇 가지 가이드라인이 제시됐다.

우선은 각종 안전 절차를 철저히 준수하라는 것과 소화 설비 설계 및 작동 점검 표준안을 마련하라는 것이다.

그리고 소화 설비 정비 요원과 항공기 격납고 근무자를 대상으로 한 사고 재발 방지 교육을 하라는 것이 주요 골자다.

특히 46%에 해당하는 사람의 실수를 최대한 줄이는 방안도 시달됐다. 동절기에는 소화 설비가 동파되지 않도록 격납고 문단속을 철저히 하고 히터를 작동시켜야 한다는 것, 격납고 청소 시에 소화 설비 작동 버튼에 물이 들어가지 않도록 유의할 것, 격납고 내에서 스포츠 활동 등을 제한하고 물건을 옮길 때 부딪히지 않도록 주의하라는 것이다.

국내 한 대학교의 항공교육원 자료에 따르면 대한민국이 보유한 항공기 보유 대수는 군용기를 포함해 1,000대가 넘는다.

미국의 사고 사례를 참고해 우리의 격납고 소화 설비 시스템의 현황을 전반적으로 살펴보고 불필요한 사고를 미리 예방할 수 있도록 세심하게 챙겨보면 좋겠다.

미국의 소방학교, 이런 점 돋보이네

_미국 소방관 배출 직무교육시스템

미국은 수없이 많은 재난을 딛고 성장한 나라다. 그런 이유로 재난에 효과적으로 대응할 수 있는 유능한 인력을 배출하는 것에 큰 무게를 두고 있다.

현재 미국에는 소방 관련 대학을 포함해 약 400여 개의 교육 및 훈련 기관에서 소방 인력을 배출하고 있다.

교육 및 훈련 기관은 미연방 소방학교(National Fire Academy), 주 정부와 지방정부에서 운영하는 소방학교(Fire Academy), 소방대원 자격 취득을 전문으로 하는 유료 훈련센터, 소방 관련 학과가 설치된 정규대학, 그리고 군 소방대원을 양성하는 미 국방부 종합소방학교(DoD Fire Academy) 등으로 나눌 수 있다.

각각의 기관들은 미연방 소방학교와 미국방화협회(National Fire Protection Association)의 기준에 맞는 커리큘럼을 마련해 놓고 소방인들을 유치하기 위해 손짓을 보내기에 분주하다.

이중 미연방 소방학교의 역할이 눈에 띈다.

메릴랜드주에 위치한 미연방 소방학교 전경

미연방 소방학교는 2011년부터 '소방 고등교육 직무 개발 위원회(The Fire and Emergency Services Higher Education Professional Development Committees)'와 함께 현장출동, 화재예방, 소방행정, 구급 행정 등 6가지의 전국적인 모델 커리큘럼을 마련했다.

많은 대학이 미연방 소방학교에서 마련한 기준에 따라 학과 내용을 수정하고 보완해 미연방 소방학교로부터 심사를 통해 인증을 받고 있다. 이렇게 미연방 소방학교의 인증을 받게 되면 미국 전역에서 그 가치를 인정받게 되며 소방서 취업이나 승진 임용 시에도 효과를 볼 수 있다. 인증받은 교육기관을 졸업한 사람들에 대해서는 전국적으로 동일한 수준의 지식과 업무 능력에 대한 예측이 가능하기 때문이다.

아울러 승인된 교과 기관에서 취득한 자격증(Certificate)이나 학점은 관련 대학 학점이나 혹은 평생교육 학점은행(Continuing Education Unit)으로도 인정받을 수 있다.

한편 주 정부와 지방정부에서 운영하는 소방학교는 예산과 규모에 따라 다양한 과목들이 개설돼있다. 주로 현직 소방대원들을 위한 교육이 진행되며 각 커리큘럼은 미국방화협회(National Fire Protection Association)에서 만든 기준을 사용하고 있다.

매사추세츠 소방학교를 졸업한 졸업생들이 기념촬영을 하고 있다
(출처: Massachusetts Department of Fire Services Facebook)

이 외에도 소방대원이 되길 희망하거나 직무와 관련해 필요한 자격을 취득하기 위한 목적으로 운영되는 유료 훈련센터들도 있다.

우리나라 소방관들에게도 잘 알려진 'Texas A&M Engineering Extension Service(TEEX)', 메릴랜드주에 위치한 메릴랜드 대학부설 기구인 Maryland Fire and Rescue Institute, 그리고 앨라배마주에 위치한 Alabama Fire College 등이 대표적이다.

텍사스주에 위치한 소방 관련 자격 취득 전문 훈련 기관인 'Texas A&M Engineering Extension Service(TEEX)'에서 교육과정을 수료한 교육생들이 기념촬영을 하고 있다.

앨라배마 소방학교 훈련장면 (출처: Keel Mountain Volunteer Fire & Rescue)

소방대원 자격 취득 커리큘럼은 미국방화협회에서 마련한 기준에 부합해야 한다.

교육과정을 포함한 교육시스템 전반이 이 기준에 부합하는지를 조사해 기관 인증을 해 주는 곳도 있다. 바로 국제소방 인증기구(International Fire Service Accreditation Agency, 이하 IFSAC)와 프로 보드(Pro Board)란 곳이다.

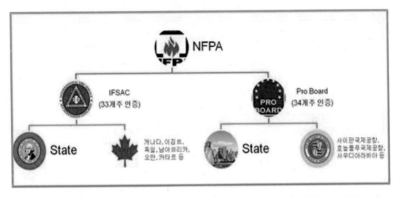

미국소방 직무자격 인증시스템과 IFSAC, Pro Board로부터 기관인증을 받은 현황

미국 각 주와 지자체의 소방학교와 전문 훈련센터들은 이들 기구로부터 기관 인증을 받고 인가를 받은 과목에 한해서 가르치고 전문자격을 부여한다.

기관 인증과 관련해서 미국 이외에도 캐나다, 이집트, 오만, 독일, 남아프리카, 카타르, 사우디아라비아 등이 IFSAC과 프로 보드로부터 기관 인증을 받고 미국방화협회의 기준에 따라 소방인들을 양성하고 있다는 점은 왜 미국의 기준이 세계의 기준인지를 다시 한 번 보여주는 대목이다.

전문기관 및 주. 지방정부와의 협업을 통해 전국적으로 활용 가능한 모델 커리큘럼을 만들어 소방서비스의 발전과 수준을 향상하려는 그들의 노력에서 재난으로부터 우뚝 선 나라 미국의 철저한 준비 정신을 엿볼 수 있다.

주방화재의 숨은 범인, 바로 너였어!

_후드와 덕트 속 감춰진 비밀

　요즈음 방송은 단연 쿡방이 대세다. 요리사들이 만들어내는 형형색색의 맛깔나는 음식은 보는 것만으로도 시청자들의 침샘을 자극하기에 충분하다.

　주방은 맛을 창조하는 순기능과 동시에 불을 다루는 공간 특성상 화재로부터 취약하다는 문제점도 가지고 있다. 미연방 소방국(USFA) 통계에 따르면 한 해 동안 조리로 인해 발생하는 화재(일반 가정 제외)가 3만여 건이 넘는 것으로 보고되고 있다.

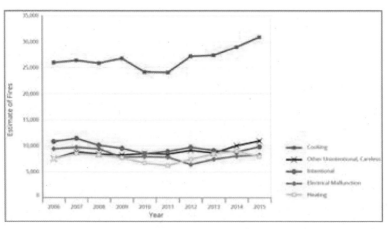

그래프의 제일 상단(빨간색)이 조리로 인해 발생한 화재통계(2006~2015년)를 보여주고 있다
(출처: 미연방 소방국).

불을 다루는 화구는 항상 조심해서 관리해야 한다. 아울러 조리 중 자리를 비우지 않는 것도 중요하다.

하지만 여기에 화재를 일으키는 또 다른 원인이 있다.

바로 후드와 덕트다. 후드와 덕트는 조리 중에 발생하는 유증기를 빨아들여 건물 밖으로 배출해 주는 역할을 한다.

그런데 후드와 덕트를 정기적으로 청소해 주지 않으면 그 안에 계속해서 기름이 쌓이게 된다. 심하면 볼펜 하나 전체가 세로로 파묻힐 정도의 기름 덩어리를 볼 수도 있다. 이 가연성 기름 덩어리에 행여 불꽃이라도 닿게 된다면 화재는 걷잡을 수 없을 정도로 확산된다.

청소가 제대로 되지 않은 덕트 내부에 쌓여있는 기름 덩어리의 모습

2014년 미국방화협회(NFPA)에서 발간한 NFPA 96번 기준 '식당 소화 설비 및 환기에 관해 기준(Standard for Ventilation Control and Fire Protection of Commercial Cooking Operations)'을 보면 식당에서 어떤 연료를 사용하는지에 따라서 얼마나 자주 후드와 덕트 청소를 해줘야 하는지 상세하게 나와 있다.

가령 숯이나 나무와 같은 고체연료를 사용하는 곳이라면 월별로 청소를 해야 하고, 조리하는 양이 적고 조리 빈도가 높지 않은 곳에서는 1년에 한 번씩 청소를 하도록 권고하고 있다.

후드와 덕트 청소는 일정 자격을 갖춘 업체가 맡아서 진행하는데, 청소가 끝나면 관할 지역의 소방관들이 현장에 참여해 청소가 NFPA 96번 기준에 맞게 이루어졌는지를 검사한다.

주한 미 공군 오산기지의 한 식당에서 후드 청소업체 관계자와
소방관들이 청소상태를 점검하고 있다.

국민안전처의 2016년도 통계에 따르면 전국 화재 발생 건수 4만 3천413건 중 음식점 화재는 2천777건으로 6.3%를 차지하는 것으로 나와 있다.

주요 원인은 화기 취급 부주의, 노후 배선, 전기시설 단락 등이지만, 최근에는 후드와 덕트의 관리에도 관심을 기울여야 한다는 지적이 나오고 있다.

리스크 매니지먼트(Risk Management), 즉 위험요소에 대한 효과적인 관리의 중요성이 부각되는 요즈음 생활 속 작은 부분까지 관심을 기울여 화재로 인해 소중한 목숨과 재산을 잃는 일은 없도록 해주기 바란다.

'소방차 사이렌 꺼주세요' 이런 황당한 요구라니

_소방차를 위한 공간이 필요하다

수십 대의 소방차가 사이렌을 울리며 퍼레이드를 하는 장면은 많은 미국인에게 감동으로 다가온다.

소방대원과 소방차들이 줄 맞춰 운행하면서 듬직한 모습을 뽐내면 시민들은 박수와 환호로 화답해준다. 지역사회의 안전을 지키는 이들의 결연한 책임감과 이에 대한 감사함이 만나 서로 교감을 나누는 순간이다.

앨라배마주 콜버트 카운티(Colbert County) 소속의 소방대원과 소방차들이
화재예방 주간을 이용해 퍼레이드를 하고 있다(출처: TimesDaily)

미국 전역에서 펼쳐지는 소방차 퍼레이드는 각 소방서의 전통과 역사를 알리는 숭고한 의식이자 시민들을 찾아가 안전을 전하는 열린 교육현장이기도 하다.

오클라호마주 무어(Moore) 소방서 소속의 한 소방대원이 퍼레이드 중 아이들에게 사탕을 건네고 있다(출처: NewsOK).

이렇듯 소방차 퍼레이드가 하나의 축제로 자리 잡은 미국에서는 건물을 지을 때도 소방차 접근을 위한 공간을 고려한다.

일반 차량과는 비교할 수도 없을 정도로 큰 소방차는 그 높이와 폭, 그리고 회전반경에서 더 넓은 공간이 필요하기 때문이다.

건물 안전과 화재 예방에 관한 전문 기준을 만들고 있는 미국의 '국제규정위원회(International Code Council)'에서는 건축물을 지을 때 소방차 통행과 접근을 위해 반드시 확보해야 하는 구체적인 면적을 제시하고 있다. 건축도면을 그릴 때 이런 내용들이 반영되어야 하며 도면을 관할 소방서에 제출해서 사전 검토를 받 도록 명시하고 있다.

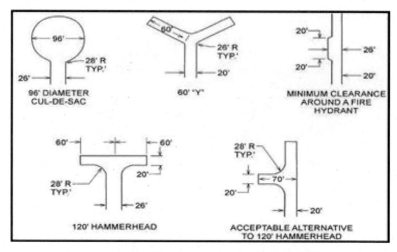

미국 국제규정위원회(ICC)에서 만든 '국제화재코드(International Fire Code)'에서는
막다른 골목에서의 소방차 통행 및 회전을 위한 최소면적을 제시하고 있다.
(출처: 2015 International Fire Code)

이렇듯 미국은 건축물 하나를 지을 때도 사람의 생명과 재산을 효과적으로 지킬 수 있도록 소방차 통행을 위한 깐깐한 기준들을 마련해 놓고 있다.

하지만 우리나라의 경우는 사정이 다르다.

주택가 골목은 소방차가 통행하기에 턱없이 비좁고 부족한 주 차공간으로 인해 발생하는 불법 이중주차는 소방차를 계속해서 멈춰 서게 만든다. 그런 이유로 현장에서는 꽉 막힌 도로 사이로 소방관들이 소방호스를 끌고 백 미터 이상을 달려야 하는 경우도 종종 발생한다.

한편 도로에 툭 튀어나와 있는 불법 입간판들은 소방차의 운행을 방해한다. 자칫 부딪혀 손상이라도 생기면 어김없이 민원이 뒤따른다. 정상적인 임무가 불법에 가로막혀 곤혹을 치르고 있는 셈이다.

충북 제천소방서 소속 소방관들이 한 재래시장에서 소방통로 확보 동참을 위한
캠페인을 진행하고 있다(출처: 충북 제천소방서)

최근 서울시 금천소방서 신설과 관련해 지역 주민들이 소방차 소음을 이유로 반대를 하고 있는가 하면, 경기도 포천소방서는 아파트 단지와 인접해 있어서 민원을 고려해 이전을 검토 중이라고도 한다.

소방차 사이렌 볼륨을 줄여달라거나 아예 꺼 달라는 황당한 요구까지도 이어져 지역사회의 안전을 지키는 사람들이 졸지에 천덕꾸러기 신세가 돼 버렸다.

사람을 살리는 전문가인 소방대원과 사람을 살리는 장비를 실은 소방차는 현장에 도착해야만 비로소 그 존재감이 생기는 것이다.

비록 미국처럼 사이렌을 켜고 달리는 소방차를 위해 박수를 보내주지는 못할망정 소방차가 안전하고 효과적으로 출동할 수 있도록 통행을 허하라.

한국은 고작 한두 번? 미국 학교는 매달 훈련

_아이들의 안전수준이 바로 국가 경쟁력

미국의 유치원과 초·중·고등학교에서는 매월 화재대피훈련을 실시한다. 소방대원들이 직접 훈련에 참여해 화재경보설비를 작동시켜 실제 상황과 유사한 방식으로 진행한다. 교장 선생님을 포함한 모든 교직원, 그리고 학교를 방문한 학부형들, 심지어는 목발을 짚은 학생까지도 예외 없이 함께 훈련에 참여해야 한다.

미 공군 오산기지 내 중학교 학생들이 화재대피훈련 중 선생님의 인솔에 따라
줄지어 학교 건물을 빠져나오고 있다.

운동장으로 대피한 학생들이 교장 선생님의 지휘 아래 학급별로 인원확인을 하고 있다.

대피훈련을 마치면 소방관이 전반적인 평가를 하고 그 결과지를 학교 측에 전달한다.

이 보고서는 향후 해당 교육기관이 재인증을 받거나 혹은 보험료 산출에 반영하는 근거자료로도 사용된다. 실제로 텍사스를 포함한 일부 주에서는 화재대피훈련 결과를 화재보험료 산출에 반영하고 있다.

인상적인 부분은 아이들의 방학이 끝나고 새 학기가 시작되는 달에는 2회에서 4회의 대피훈련을 한다는 점이다. 방학 동안 잊어버린 부분들을 다시 일깨워주기 위함이다.

'아이들이 안전한 나라'라는 말은 현장에서 철저히 실천되지 않으면 아무런 감동도 주지 못하는 단지 의미 없는 수식어에 불과할 뿐이다.

사람의 안전 그리고 생명과 같이 정말로 소중한 가치들이 지켜지기 위해서는 세 가지 요소가 필요해 보인다. 그것은 바로 효과적인 제도 마련, 현장에서의 교육과 실천, 그리고 시스템적인 감시와 지원이다.

　이를 위해 미국에서는 학교와 소방서, 그리고 담당 부처 공무원들 사이의 협업에 큰 무게를 두고 있다.

주한 미 공군 오산기지의 유치원 아이들과 학부모가
화재대피훈련에 참가해 소방대원들의 지시를 기다리고 있다.

　어느 한 편에 치우친 듯 보이는 일방적인 시스템과 어설프게 만들어진 졸속행정을 최대한 지양하고 다소 느린 듯 보이지만 견제와 균형이라는 그들만의 방식에 따라 참가한 기관 간에 최대한 의견을 나누고 조율하는 과정을 거쳐 모두가 이해할 만한 결과물을 만들어 내는 것이다.

주한 미 공군 오산기지 소속의 미군 소방대원들이
지역의 한 초등학교를 방문해 소방교육을 시행하고 있다.

불과 3년 전 세월호에 몸을 실었던 우리의 아이들은 국가로부
터 아무런 보호도 받지 못한 채 사랑하는 이들과 뼈에 사무치는
작별을 고하고 말았다.

재난 상황에서 자신이 어떻게 해야 하는지조차 제대로 알지 못
한 무늬만 전문가였던 사람들과 자신만 먼저 살겠다고 도망쳐버
린 무책임한 어른들의 달콤한 말을 너무나도 성실히 따랐던 참혹
한 결과였다.

우리나라도 학생들을 위해 화재대피훈련을 하고 있다.

2016년 12월 교육부에서는 '학교 현장 재난유형별 교육. 훈련
매뉴얼'을 개정해 배포한 바도 있다.

하지만 일 년에 불과 한두 차례 실시하는 화재대피훈련으로는 학생들과 교사들의 몸에 익숙해지기에 충분치 않아 보인다.

아무리 잘 만들어진 매뉴얼이라고 할지라도 결국 매뉴얼은 가이드라인일 뿐 충분히 활용하지 않는다면 무용지물임은 말할 여지도 없다.

하지만 훨씬 더 심각한 문제점은 따로 있다.

많은 매뉴얼들이 단지 규정을 지키기 위해 만들어진 결과물들로 정작 "매뉴얼 속에는 사람이 없다"라는 점이다.

대한민국의 미래를 짊어지고 갈 우리의 아이들이 안전할 수 있도록 더 많은 고민과 실천이 필요하다.

미국 소방관들이 9·11테러를 기억하는 방법

_9·11테러로 희생당한 순직소방대원을 추모하는 계단 오르기 행사

미국의 심장에 비수를 꽂았던 2001년 9월 11일은 아직도 많은 사람의 기억 속에 남아있다.

미국의 상징과도 같은 뉴욕에서 발생한 그날의 테러는 3,000여 명의 삶을 송두리째 앗아갔다.

테러로 희생당한 이들 속에는 다른 사람들을 구조하다가 순직한 343명의 뉴욕소방대원들도 있다. 무려 1만 6천여 명의 소방대원을 보유한 뉴욕이지만 그들의 빈자리는 너무도 컸다.

순직한 소방관을 가족으로 두었던 남편과 아내, 그리고 아이들이 하나둘씩 무너져 내렸으며, 현장에 같이 출동했던 동료들도 심한 정신적 트라우마와 싸워야만 했다.

하지만 하루하루를 고통스럽게만 보내서는 안 된다는 응원의 목소리가 여기저기서 흘러나오면서 "FDNY 343 NEVER FORGET", 즉 "343명의 순직한 뉴욕소방대원을 절대로 잊지 말자"라는 결연한 의지의 표현으로 재탄생하게 된다.

이 다짐은 곧 소방관 헬멧, 티셔츠, 반지 등에 새겨져 많은 사람들에게 그날의 의미를 새로운 방식으로 일깨워줬다.

9·11테러로 순직한 343명의 뉴욕소방대원을 추모하기 위해
제작된 소방헬멧이 한 소방서에 전시되어 있다.

이러한 기념품 이외에도 해마다 이맘때가 되면 미국 전역에서
는 순직한 소방대원들을 추모하는 이색적인 이벤트가 열린다. 바
로 '고층건물 계단 오르기' 행사다.

'9·11 Memorial Stair Climb'이라고 불리는 이 행사는 2003년 9
월 11일 아프가니스탄에 위치한 한 미군기지 소방서에서 시작된
것으로 알려져 있다.

2005년에는 미국의 콜로라도 소방관 5명이 모여 9·11테러로
순직한 이들이 걸었던 그 길을 추모하기 위해 출동 복장을 갖추
고 테러로 무너진 쌍둥이 빌딩의 높이와 같은 110층의 계단을 한
걸음씩 내디디며 그들의 거룩한 발자취와 숭고한 희생정신을 기
리게 된다. 이 행사는 해가 거듭될수록 소방관을 포함해 일반인
들까지 참여하는 미국 전역의 추모행사로 발전한다.

'9·11 Memorial Stair Climb' 행사에 참여한 소방대원들이 30층에서 기념촬영을 위해 포즈를 취하고 있다(출처: www.firehouse.com).

지난 2015년 미주리주 클레이턴 소방서 소속의 소방대원들이 110층 계단 오르기 행사를 마치고 기념촬영을 하고 있다(출처: 순직소방관재단).

9·11 테러 이후 미국은 그날의 악몽과 고귀한 희생, 그리고 안전을 담당하는 사람들의 존재 이유와 사명을 다시 한 번 되짚어가며 반드시 기억해야 할 재난 역사의 한 페이지를 꼼꼼하게 써 내려가고 있다.

우리에게도 기억해야 할 아픈 역사가 있다. 바로 2014년 4월 16일에 발생한 세월호 참사다. 무고한 우리의 아이들이 안전 불감증이라는 '또 다른 이름의 테러'로 소중한 삶을 잃었기 때문이다.

한편 세월호 참사를 수습하기 위해 출동했다가 순직한 고 정성철, 박인돈, 안병국, 신영룡, 이은교 소방관, 악조건 속에서도 수중 인명 수색을 했던 고 김관홍, 이광욱 등 민간 잠수사, 그리고 더 많은 아이들을 구하지 못해 힘들어하고 있는 '파란 바지의 의인' 김동수 씨도 우리는 잊지 말고 기억해야 한다.

슬픔을 외면하는 것만이 올바른 해답은 아닐 것이다.

왜 이런 일이 일어났는지, 또 그 사고를 통해서 우리는 무엇을 기억하고 어떤 노력을 기울여야 하는지 시간이 걸리더라도 반드시 그 답을 찾아내야만 한다.

미국의 소방대원들이 순직한 이들이 걸었을 계단들을 한 걸음 한 걸음 걸으면서 자신의 역할과 사명을 되짚어 보는 것처럼 우리 역시 아픈 사고의 흔적들을 돌아보며 더 나은 방향을 모색해야 하지 않을까.

불끄기 전 가족사진부터 먼저 챙겨라

_사람들의 소중한 추억까지도 지키기 위해 노력하는 미국의 소방대원들

화재현장은 마치 전쟁터와 같다. 다행히 인명피해가 없다고 하더라도 불이 한번 지나간 곳은 끔찍한 흉터만이 남는다.

설령 소방대원들의 노력으로 불길을 잡았다고 하더라도 화재현장에는 또 다른 문제가 상존한다. 그것은 바로 소방대원들이 불을 끄기 위해서 뿌리는 물로 인한 수손피해다. 특히 물이 닿아서는 안 되는 고가의 장비나 소중한 물건이 있는 곳이라면 더더욱 그렇다.

아주 오래전 화재현장에서 화재를 진압하고 있을 때 다른 것은 다 타도 좋으니 제발 이 장비만큼은 절대 물을 뿌리지 말아달라던 회사 관계자의 외침이 아직도 귀에 선하다.

현장을 뛰는 소방대원들의 우선순위는 첫 번째가 인명을 구조하는 것이고, 그다음이 재산을 보호하는 것이며, 마지막이 사고를 안정화하는 것이다.

따라서 사람들의 안전이 확보되었다면 그다음으로 소방대원들이 관심을 기울여야 하는 것이 바로 재산을 보호하는 것이다.

미국 소방대원들이 화재현장에서 재산을 보호하기 위해 많이 사용하는 장비 중 하나가 바로 '샐비지 커버(Salvage Cover)'라고 불리는 방수 재질의 천막이다.

캘리포니아주 샌 마리노(San Marino) 소방서 소속의 소방대원들이 샐비지 커버를 활용한 훈련을 하고 있다(출처: 샌 마리노 소방서).

매사추세츠주 하노버(Hanover) 소방대원들과 인디애나주 펜 타운쉽(Penn Township) 소방대원들이 샐비지 커버를 사용해 물길을 내는 훈련을 하고 있다(출처: 미국소방대원협회 2045 지부).

이 천막은 그야말로 화재현장에서 다양한 용도로 활용된다. 물이 흥건한 건물 내부에서 물길을 내는 데 사용하기도 하고 고가의 장비나 가구 등을 덮어 수손 피해를 줄여주기도 한다.

캘리포니아주 샌 마리노(San Marino) 소방서 소속의 소방대원들이 샐비지 커버를 활용해 사진 액자를 수손피해로부터 보호하기 위한 훈련을 하고 있디(출처: 샌 마리노 소방서).

대개 많은 물건이 화재진압 초기에 손상되는 점을 고려한다면 화재를 진압하기 전 숙련된 소방대원들이 방수천막을 적절히 활용하는 조치만으로도 누군가의 소중한 것들을 보호할 수 있다.

그런 이유로 미국보험사무소(Insurance Service Office)는 모든 소방차에 2개 이상의 샐비지 커버(방수천막)를 적재해 놓도록 권장하고 있다.

방수천막의 사이즈는 보통 12×14피트(3.6×4.2미터)로 한 사람의 소방대원도 충분히 현장에서 활용할 수 있게 만들어져 있다.

한때는 누군가의 생명을 구조하고 화재를 진압하는 것만으로 소방대원의 모든 임무가 끝난 것으로 생각했었던 적이 있었다. 하지만 미국소방대원들과 함께 근무하면서 한 가지 바뀐 생각이 있다면 위험한 상황 속에서도 가족사진과 같이 다른 것으로는 결코 대체할 수 없는 누군가의 소중한 추억까지도 지켜주기 위해 노력해야 한다는 것이다.

BMW 유리창 깨고 불 끈 미국 소방관, 한국이었다면?

_미국소방대원 소방활동 면책조항에서 배워라

각종 재난현장에서 소방관이 정상적인 임무를 수행하다가 발생한 기물 파손에 대해서 배상을 해달라는 민원이 심심치 않게 접수되고 있다.

더욱 심각한 것은 법의 테두리를 벗어나 있는 불법주차 차량이나 불법 돌출간판 등에 대한 손해배상까지도 버젓이 요구하고 있다는 점이다.

현행 소방기본법 25조는 사람을 구출하거나 불이 번지는 것을 막는 데 필요할 때에는 화재가 발생하거나 불이 번질 우려가 있는 소방대상물 및 토지를 일시적으로 사용하거나 그 사용의 제한 또는 소방 활동에 필요한 처분을 할 수 있도록 하고 있다.

또한, 소방차의 통행과 소방 활동에 방해가 되는 주차 또는 정차된 차량 및 물건 등을 제거하거나 이동시킬 수 있으며, 이 과정에서 발생한 손실에 대해서는 시·도지사가 보상토록 명시하고 있다. 그러나 법을 위반해 소방차의 통행과 소방 활동에 방해가 된 경우에는 보상하지 않아도 된다.

하지만 지난 2년 동안 서울소방재난본부에 소방 활동 중 부서

진 문이나 차량에 대한 변상 요구가 50여 건이나 접수된 것을 보면 이 법이 크게 실효성은 없어 보인다.

미국 소방대원들 역시 재난현장에서 활동하면서 불가피한 조치를 하는 경우가 종종 발생한다.

지난 2014년 화재를 진압하기 위해 출동했던 보스턴 소방대원들은 한 치의 망설임도 없이 소화전을 가로막고 있던 신형 BMW의 양쪽 유리창을 깨고 소화전 호스를 연결했다. 해당 차량의 소유주는 피해 보상은커녕 오히려 경찰로부터 주차위반 스티커와 함께 100달러의 벌금까지 부과 받았다.

Mark Garfinkel ✔
@pictureboston

See what happens to newer BMW parked at a hydrant during @BostonFire 8 alarm fire tonight. My photo @bostonherald

지난 2014년 미국 보스턴에서 화재진압 활동을 위해 소방대원들이 신형 BMW의 양쪽 유리창을 깬 뒤 소화전 호스를 연결한 장면이 트위터에 올라와 있다. 1,500건이 넘는 리트윗이 이어지며 소방대원들의 조치가 적절했다는 것에 대해 공감의 뜻을 나타냈다
(출처:Mark Garfinkel, www.boston.com).

한편 지난 2011년 캘리포니아주 베이커스필드(Bakersfield)에서는 한 시민의 집 마당에 있는 야자수 나무를 자르기 위해 고용된 인부가 나무에 깔리는 사고가 발생한다.

곧바로 관할 소방서의 소방대원들과 사다리차가 출동했고 2시간가량 구조 활동을 전개했으나 결국 요구조자는 다른 인부에 의해 구조된다.

구조가 끝난 후 집 주인은 시를 상대로 소방서 사다리차가 자신의 집 차량 진입로를 훼손했다며 9,000달러의 손해배상을 청구했으나 시는 배상을 거절한다.

설령 구조에 성공하지 못했다고 하더라도 해당 구조행위가 정상적인 직무 범위 내에 들어있다고 판단한 것이다. 그러면서 시는 피해를 본 부분은 해당 집주인의 주택보험에서 해결해야 한다고 덧붙였다.

미국 역시 이런 분쟁으로 인해 소소한 민원과 소송이 이어지기도 하지만 파손된 기물이 소방대원의 정상적인 업무 범위 이내에서 비롯되었다고 판단되면 'Tort Immunity Act(불법행위 면책법)'에 의해 책임이 면해진다.

물론 소방대원이 직무를 태만히 했거나 고의로 기물을 파손한 경우라면 이야기는 달라진다.

우리나라나 미국이나 관련 법안은 이미 마련돼 있다. 하지만 우리나라는 그 운용의 묘를 잘 살리지 못하고 있는 듯하다.

한 무리의 소방대원들이 사다리차를 타고 고층건물 화재를 진압하고 있다.

정상적인 소방 활동으로 인해 피해는 해당 시·도의 피해 접수 창구를 통해 처리해 소방대원들을 적극적으로 보호할 수 있도록 구체적이고 현실적인 방안을 마련해줘야 한다.

또한, 일부 악의적인 민원에 대해서도 소방서에서 이미 채용해 근무하고 있는 변호사(소방경, 6급 상당)를 통해 관련법을 검토해서 대응하는 방안도 강구해야 한다.

일부 민원인들은 이런 절차를 무시하고 해당 소방서나 소방관을 직접 찾아가 항의하고 비용을 청구한다고 하니 이는 소방관을 두 번 지치게 하는 일이다.

마치 광고에서 활용되는 '노이즈 마케팅'처럼 공무원 신분이라는 점을 노리고 민원을 넣어 소음을 일으키는 방식으로 해당 소방관을 압박하고 있는 것은 아닌지 생각해 볼 일이다.

사정이 그렇다 보니 일부 소방관들은 신분상 불이익을 피하거나 골치 아픈 민원을 해결하기 위해 직접 합의를 하기도 하고, 또 출동대원들이 십시일반으로 돈을 모아 변상을 해 주기도 한다.

　최근 서울, 경기도, 대구시 등에서 '재난현장 활동 물적 손실 보상에 관한 조례안'을 마련을 위해 의회에서 노력을 하고 있다.

　부디 소방관들이 현장에서 더는 위축되지 않고 한 명의 사람이라도 더 구조할 수 있도록 힘을 실어주는 비정상의 정상화가 시급하다.

순직 소방관 유가족을 위한 '버팀목', 우리도 만들어요

_미국 순직소방관재단 유가족 네트워크

한해 60명에서 80명의 소방대원이 목숨을 잃는 미국에서는 순직한 소방대원의 유가족을 지원하기 위한 세심한 노력을 기울이고 있다. 그런 점에서 보면 1992년 미국 의회가 중심이 돼 만들어진 '순직소방관재단(National Fallen Firefighters Foundation)'은 그야말로 유가족들의 든든한 버팀목이다.

소외되기 쉬운 유가족의 치유와 회복을 민간영역에만 맡겨두지 않고 국가가 직접 나서서 챙기는 모습이 인상적이다.

재단은 "We are here for you." 즉 "우리는 당신을 위해 여기에 있다."라는 모토를 내걸고 다양한 프로그램을 마련해 유가족이 슬픔을 딛고 다시 건강한 모습으로 사회와 소통할 수 있도록 하는 데 초점을 맞추고 있다.

그중 대표적인 활동이 비슷한 경험을 한 가족들을 서로 연계해 심리적·정서적 지원을 해주는 '유가족 네트워크' 운영이다.

이뿐만 아니라 유가족 자녀들을 위한 힐링캠프를 운영하고 장학금을 지급하는가 하면, 현직 소방대원들의 부상과 순직을 예방하기 위한 연구를 지원하고 매년 추모식도 개최한다.

2016년 개최된 순직소방관 추모식에서 한 유가족 자녀가 소방관으로부터
성조기와 장미를 수여받고 있다(출처: 순직소방관재단).

2016년 개최된 유가족 자녀 캠프에 참가한 청소년들이
'LOVE' 라는 조형물 앞에서 환호하고 있다(출처: 순직소방관재단).

유가족 네트워크가 갖는 의미는 각별하다. 혼자가 아닌 같은 아픔을 가진 사람들과 연결돼 서로 위로받고 힘을 낼 수 있도록 돌봐주기 때문이다. 네트워크를 통해서 헤어짐의 슬픔을 극복하고 자신을 스스로를 돌보는 방법에 대해서도 배운다.

지난 2015년 순직소방관 추모식에 참석한 오바마 대통령이 연설을 하고 있다
(출처: 순직소방관재단).

재단은 다음 달 7일과 8일 이틀에 걸쳐 95명의 순직소방대원을 위한 성대한 추모식을 준비 중이다.

2016년에 개최된 추모식만 봐도 행사 준비, 의장대, 유가족 에스코트 등 행사지원을 위해 함께 힘을 보탠 소방관의 숫자가 천여 명이 넘는다고 하니 그 규모가 엄청나다는 것을 짐작할 수 있다.

2016년도 순직소방관재단의 예산은 연방정부의 보조금과 각종 기부금을 포함해 우리 돈으로 약 78억 원 정도의 규모다. 이 예산을 가지고 유가족과 동료 소방대원들을 보듬어 안아 보다 더 건강하고 발전적인 소방조직을 만들어 가는 데 사용하고 있다.

오바마 대통령이 순직한 소방관 가족의 자녀를 안아주며 위로하고 있다(출처: 순직소방관재단).

　지난 17일 강원도 강릉시 강문동에서 기와 목조 정자인 석란정 화재를 진압하던 두 분의 소방관이 안타깝게 생을 마감한 사건이 발생했다.

　이분들을 포함해 현재 국립대전현충원 소방공무원 묘역에는 약 130위(位)의 소방관들이 잠들어 있다.

　매번 되풀이되는 일이지만 순직한 소방대원의 유가족들은 추모식이 끝남과 동시에 자연스럽게 우리 모두의 기억 속에서 점점 멀어져 버린다.

　이 시점에 과연 우리는 유가족과 그 동료들을 위해서 무엇을 하고 있는지 생각해 볼 일이다.

국가를 위해 헌신하다가 순직한 소방관은 대한민국의 가족이다. 그런데 그 가족을 따뜻하게 품어주지 못한다면 이는 참으로 가슴 아픈 일이 될 것이다.

부디 이번 기회를 통해 고인들의 숭고한 뜻이 빛바래지 않도록, 그리고 그들의 가족이 소외되지 않도록 정부 차원에서의 고민과 지원이 필요해 보인다.

이건이 만난 사람들

길 위에서 대한민국 소방을 만나다

직업으로서의 소방관은 '꿈'과 '좌절'의 양극단을 체험

_주한미공군 선임소방검열관 이건

이건 검열관, 6년 간 서울 소방공무원 근무 후

줄곧 주한 美 육·공군 소방에서 일한 '베테랑'

생사의 체험을 통해 '꿈'을 얻었지만

소방관의 희생에 대한 냉담에 '좌절'도 겪어

▲ (뉴스투데이=이안나 기자) 이건 주한미공군 선임소방검열관 ⓒ뉴스투데이

美 공군 소방은 전 세계에 약 200여 개의 소방서를 운영하고 있다. 그런 이유로 소방분야에 있어서만큼은 미국을 넘어 전 세계의 안전시스템을 선도해 나가는 기관 중 하나라고 말할 수 있다. 어찌 보면 '전 세계 소방의 축소판'인 셈이다.

그중 주한 美 공군 오산기지 소방서는 미 군인들이 출·입국하는 활주로 바로 옆에 위치해 있다. 한국 안의 '작지만 큰' 미국 마을에서 사람들의 안전을 책임지고 있다. 주한 美 공군 오산기지는 초·중·고등학교, 극장, 쇼핑몰, 골프장 등을 포함해 약 600개 건물이 들어서 있다.

"대한민국 소방은 저에게 고향과 같은 곳입니다. 서울소방에서 6년을 근무하면서 배운 소중한 경험이 지금의 미국 소방관들과 당당히 어깨를 겨루며 근무할 수 있게 만들어준 원동력이 되었습니다."

이건 선임소방검열관은 이곳에서 소방검사, 홍보, 화재 예방, 각종 인·허가 업무를 총괄하고 있다. 1995년부터 6년간 서울 소방공무원으로 일하다가 2001년 주한 미 육군 소방서로 자리를 옮겼다. 이후 2005년 지금의 오산 미 공군 기지 소방서에서 근무해 지금까지 이어오고 있다. 같은 분야에서 유니폼을 세 번이나 갈아입은 흔치 않은 경험을 했으면서도 22년 간 소방관으로 일한 베테랑이다.

이건 검열관의 '소방 사랑'은 여기서 그치지 않는다. 서울소방학교, 경기소방학교 등에 출강해 신임·경력 소방관들의 직무 능력 향상을 위해 전문교육을 시행하고, 지난 3년 동안 경향신문, 세이프 타임즈, 오마이 뉴스에 약 130여 편의 소방칼럼을 무료로 기고하며 대중을 위해 소방을 홍보했다. 순직소방공무원추모기념회 대외협력위원과 '2018 충주세계소방관 경기대회' 명예 홍보대사로도 활동 중에 있다.

소방관을 위한 다양한 활동을 하는 이유에 대해 그는 "꿈이 없던 내가 소방 일을 하며 인생에서 생각도 못한 일들을 많이 경험했다."며 "대한민국 소방을 사랑하는 한 소방인으로서 그동안 받은 것들에 대한 조금이나마 보답하기 위해 다양한 분야에서 힘을 보태고 있다"고 대답했다.

한국과 미국 양국의 소방서에서 두루 경험한 경력을 바탕으로 지속적인 연구를 하여 여러 권의 책을 출판하기도 했다. 소방관의 국가직 전환 등 국내에서 소방관에 대한 대중의 관심이 어느 때보다 큰 이때, 이건 검열관과 우리나라 소방 선진화가 어느 정도 진행이 되었고 앞으로의 남은 과제가 무엇인지 이야기를 나눠보았다.

▲ 이건 선임소방검열관의 사무실 중 일부. 가운데 초상화는 시각디자인학과를 졸업한 김윤수 소방관이 직접 그려준 것이다. [사진=이안나 기자]

한국 소방서는 불필요한 행정 낭비 요인 많아…
미국 소방서는 결재라인 간결해 업무 집중에 유리

Q. 과거 일했던 한국 소방서와 현재 일하는 미국 소방서에서의 근무 환경 차이는 어떤가.

A. 지금은 일선 소방서에서도 많은 부분이 개선되었지만, 내가 소방공무원으로 근무할 당시만 해도 감사를 위한 불필요한 행정, 그리고 상급자에 대한 의전 등이 많아 정작 업무에 집중할 수 있는 시간이 상대적으로 부족했다.

하지만 미국소방시스템에 몸담고 근무하다 보니 모든 것들이 자기 업무 중심으로 이루어지고 결재라인도 대단히 간략한 점이 큰 장점으로 다가왔다. 내 업무를 스스로 책임지고 관리할 수 있도록 하는 근무환경이 더 창의적이고 생산적으로 업무를 해 나가는 데 큰 도움이 되었다고 생각한다.

불필요한 행정업무가 없다 보니 남은 시간엔 지금 하는 업무를 다시 한 번 되짚어보고 보다 효과적이고 효율적으로 업무를 할 수 있는 방법이 무엇인가 고민하기도 한다.

한국의 소방 시스템은 유엔이 인정하는
'최고 등급' 받는 등 빠르게 발전하는 중

Q. 우리나라 소방 선진화 과정은 어느 단계에 와있나.

A. 지금의 대한민국 소방은 다양한 분야에서 대단히 큰 성과를 이루었다. 일례로 중앙119구조본부의 국제구조대만 해도 유엔에서 인정하는 최고 등급인 'Heavy' 등급을 인정받았고, 필리핀, 베트남, 네팔, 도미니카공화국 등 많은 나라가 한류 소방을 배우기 위해 지속해서 한국을 방문하고 있다. 사실 소방의 선진화는 이미 어느 정도 성과를 냈다고 생각한다.

하지만 외적 선진화와는 달리 소방 내적으로 보면 몇 가지 고민해야 할 점들도 분명 존재한다. 우리가 개발도상국이었을 때에는 미국이나 유럽, 또는 일본의 것들을 따라가는 것이 선진화의 한 과정이었다면 지금의 대한민국 소방의 선진화는 다른 관점에서 접근해야 한다.

Q. 우리나라 상황에 맞는 다른 관점이란?

A. 어떻게 하면 대한민국 소방관들이 더욱 더 건강하고 안전한 방식으로 대한민국 소방법 제1조에서 말하고 있는 '국민의 생명과 재산을 지키게 할 것인지'가 진정한 선진화로 가는 길이라고 생각한다. 이를 위해 소방관이 하는 업무를 더 깊이 이해하고 연구해야 하며 효율적으로 업무를 수행할 수 있도록 정책을 개발하고 장비를 지급해야 할 것이다.

▲ 주한미공군 오산기지 소방서에 준비되어 있는 소방차들. 왼쪽은 일반 화재진압에,
오른쪽은 비행기 화재시 진압용으로 사용된다. [사진=이안나 기자]

소방관 국가직 전환을 계기로
재난 대응에 대한 총괄 시스템 구축해야

Q. 국가직 전환을 하면서 지속적인 사회적 논의가 이뤄지면 인력 부족, 장비 노후화 문제 등 가장 큰 문제라고 생각했던 것들이 해결될 것으로 보이는데.

A. 2019년이 되면 소방관의 신분은 지방직에서 국가직으로 바뀌게 되겠지만, 여전히 예산과 인사는 지방자치단체장에게 있다. 이 경우 적재적소에 소방력을 배치하는 문제라든지, 재난의 초동대응 단계에서 지방자치단체장의 재난에 대한 이해도와 지휘역량에 따라 재난대응의 결과가 크게 달라질 수 있는 우려도 있다. 재난 초기에 잘못 대응하면 이는 결국 무고한 시민과 출동한 소방대원들의 목숨을 위협할 수도 있다.

재난 대응을 총괄하는 지휘관은 오랜 경험과 노하우가 축적된 사람들이어야 하며 긴급한 재난 상황에서는 단일화된 지휘시스템이 중요하다. 물론 철저히 훈련되었다는 가정하에 통합지휘시스템도 고려해 볼 수도 있겠다.

Q. 지휘관은 오랜 경험과 노하우가 축적되어야 한다고 했는데, 우리나라는 공무원 특성상 시간이 지나면 진급하는 시스템이지 않나.

A. 그 부분이 미국과 한국의 콘셉트 차이다. 소방관은 계급으로 말하는 게 아니라 업무량과 질로써만 평가를 받는다는 게 미국소방의 방향이다. 자기가 하고 싶어서 한 일이니 계급과 상관없이 전문성을 가지고 사람 살리기 위해 노력하는 것이다.

반면 우리나라에선 간혹 승진만 빨리하고 싶어 하는 사람이 있다. 또 매번 포지션이 바뀌다 보니 여러 경험을 하지만 정작 사고가 터졌을 때 전문인이 없다. 소방관은 사람을 살리는 직업이니 전문가가 되어야 하고, 그러기 위해선 한 분야에서 10년 이상은 일해야 한다. 급수와는 다른 전문성이 보완되어야 한다.

**직업으로서의 소방관,
'승진'과 '전문성' 중에서 양자 선택해야**

Q. 신임 소방관들에게 교육을 많이 하던데 주로 어떤 내용을 강조하는가.

A. 둘 중의 하나를 정하라고 한다. 죽기 살기로 공부해 소방서장이 자신이 맡은 지역만큼은 안전하게 지키던지, 어느 한 분야 전문가가 돼서 대한민국 안전의 한 분야에 기여할 것인지. 중간에 회색지대는 없다고 강조한다.

즉, 승진과 전문성 둘 중에 한 방향을 정해야 한다는 것이다. 물론 후자의 경우 그 과정에서 승진이 늦어질 수도 있겠지만 나의 경험을 들려주면서 신임 소방관들에게 전문성을 추구하고 살아도 행복하고 멋있을 수 있고, 그것이 당신들이 생각하는 꿈에서 너무 벗어나지 않는다는 설명을 보탠다.

Q. 현재 시스템인 '순환보직' 시스템보다 각 분야의 전문 소방관을 기르는 것을 거듭 강조한다. 소방 내부적으로도 이런 여론이 형성되어 있나.

A. 물론이다. 요즈음의 소방은 전통적인 업무였던 화재, 구조, 구급 서비스를 훨씬 뛰어넘어 위험물 사고, 항공기 사고, 대테러 등 점차 대형화되고 복잡한 사고를 담당하고 있다.

결국, 소방의 존재감은 현장 전문성에 있다. 소방 내부적으로도 전문가 양성을 목표로 하는 탄력적인 순환보직 운영과 생애주기별 경력관리 등을 통해 소방이 담당하고 있는 다양한 영역에서의 '소방덕후'를 만들어 가는 것이 미래지향적 소방의 역할이 아닐까 하는 공감대가 어느 정도 형성되어 있다고 본다.

**안전은 소방관의 힘만으로 역부족,
시민과 정부가 협업하는 시스템 정착 필요,
공상 당한 소방관과 그들의 가족에 대한
국가와 사회의 배려와 관심이 절실해**

Q. 미국소방에서 적어도 이런 점은 우리나라가 주의 깊게 봤으면 하는 점이 있나.

A. 안전은 소방관의 힘만으로 지켜지지 않는다. 미국은 연방정부와 지방정부, 기업, 시민 모두가 소방관을 중심으로 안전을 위해 투자하고 연구하고 협업하는 시스템이 정착되어 있다. 나는 이것이 미국소방의 강점이라 생각한다. 그래서 미국소방은 어느 한 곳에 정체되어 있지 않고 지속적으로 발전한다 생각한다. 우리나라 역시 현장의 최일선에서 수고하는 소방관을 중심으로 국가와 기업, 시민들이 함께 협업하고 고민하는 시스템 마련이 필요하다고 생각한다.

Q. 시민들과 정부 등에 하고 싶은 말이 있다면

A. 몇 가지 당부를 드리고 싶다. 뉴스를 보면 일부 시민이 출동한 소방관에게 욕을 하고 폭행을 했다는 내용을 종종 접하게 되는데 대단히 마음 아프고 힘 빠지는 일이 아닐 수 없다.

소방관은 의사와 마찬가지로 사람을 살리는 전문가이자 시민들의 선한 이웃이기도 하다. 부디 소방관들이 소명을 가지고 현장을 누빌 수 있도록 소방관을 보시면 그들의 고민을 이해해주시고 응원해 주시길 부탁드린다.

또 하나는 지금 공상으로 고통 받고 있는 소방관들과 직무 중에 순직하신 소방관, 그리고 그 유가족들을 정부가 잘 보듬어 주기를 바란다. 대한민국의 안전을 지키기 위해 자신의 위험을 무릅쓰고 달려간 소방관과 그 가족들은 대한민국의 가족이다.

공상을 당했으나 정부로부터 공상 승인을 거절당해 소송까지 벌이며 국가를 상대로 힘겨운 싸움을 해 나가고 있는 그들은 내가 그동안 지켜온 국가로부터 버림받았다는 생각에 이중 고통을 받고 있는 실정이다. 부디 그들의 노고와 아픔을 살피고 그에 상응하는 예우를 받을 수 있도록 정부가 나서서 챙겨주기를 당부하고 싶다.

"소방관, 하루 단 10분이라도 이기주의자 되어야"

_소방관 힐링전도사 홍성아 교수

(주)스트레스&여가 부대표이자 성공회대학교 시민사회복지대학원
겸임교수로 재직 중인 홍성아 교수가 강의를 진행하고 있다.

　누구보다도 소방관을 사랑한다는 홍성아 교수. 그녀가 움직이
면 주변은 금세 긍정의 에너지로 가득 채워진다. 굳었던 소방관
들의 얼굴에는 어느새 미소가 스며들고 지친 마음은 따뜻한 위로
를 받는다.

일반인들이 평생 한 번 목격할만한 사건·사고에 매일 노출되는 소방관은 여러 가지로 만성 직업병에 시달리고 있다. 우울증, 분노조절 장애, 외상 후 스트레스 장애(PTSD)가 대표적이며, 불면증, 식사 거르기, 교대 근무로 인한 불규칙한 생활패턴과 가족관계의 문제도 생겨난다.

처음 소방관이 되면 선배들에게서 자주 듣는 말이 있다. "현장에서는 절대 웃으면 안 된다"라는 말이다. 사람들이 아파서 고통받고 죽어가는 치열한 전쟁터에서 농담하거나 웃는다는 것은 감히 상상할 수 없는 일이다.

이런 생활이 반복되다 보면 소방관의 삶도 우울해지기 마련이다. 시민들이 기대하는 '영웅'이나 '슈퍼맨'이 되기 위해서는 스스로 더 강해져야 한다고 되뇌며 그냥 참는 것이 일상화되어 버렸다.

하지만 소방관도 사람이다. 인내를 넘어서는 상황이 반복되다 보면 어느 순간 극단적인 선택을 시도하는 소방관도 생긴다.

해마다 순직하는 소방관 숫자보다 자살을 선택하는 소방관의 숫자가 많다는 통계가 이를 대변해 준다.

소방관의 아픔을 진심으로 이해하고 예방하는 일에 함께하는 사람이 있다. 바로 홍성아 교수다.

지난 11월 28일, 그녀를 만나 소방관 힐링 프로젝트를 포함한 미래 계획도 들어보았다.

Q. 처음 소방과 인연을 맺게 된 계기는?

A. 내가 먼저 소방에 노크했다. 평소 소방관이 여러 재난현장에서 겪는 어려움이 심각한 수준이라는 것을 알고 있었다. 그래서 내가 가진 재능을 통해 그들을 위로해 주고 싶은 마음에 소방관을 위한 부드럽고 재미있는 '스트레스 관리프로그램'을 소방방재청에 제안하게 됐다. 다행히 그 제안이 받아들여져 소방과 인연을 맺게 되었으며, 처음 만난 분들이 바로 2008년 발생한 경기도 이천 물류창고 화재를 진압했던 소방대원들이다.

Q. 소방이라는 분야가 생소해서 접근하는데 어려움이 많았을 것 같다.

A. 평소 소방관을 존경했지만, 업무적으로 자세히 모르는 부분들이 많아 힘들었다. 그러다 보니 서재에서 새벽 4시까지 소방에 대해 공부하는 날도 많았다. 현장을 더 자세히 알고 싶은 마음에 안산소방서 백석소방안전센터에서 1박 2일 소방차 동승 체험을 하는 기회를 얻기도 했다.

Q. 소방 때문에 눈물을 흘린 적이 있다고 하던데.

A. 소방을 알아가면서 두 가지 이유로 운 적이 있다. 첫 번째는 우리가 자고 있는 시간에도 출동하는 소방관에 대해 고마움 때문이었고, 또 다른 이유는 그동안 그들의 노고를

잘 몰랐다는 미안함 때문이었다.

Q. 젊은 소방관들 사이에서는 '소방관의 어려움을 누구보다 잘 이해해 주는 누나 같은 존재'로 불린다. 기분이 어떤가?
A. 누나라고 불러주니 젊어진 느낌이 들어서 너무 감사하다. (웃음) 사실 소방관은 나에게 힐링 같은 존재다. 소방을 만나면서부터 내 까칠한 성격이 마치 사포에 잘 연마된 것처럼 다듬어져서 오히려 소방관들에게 고맙다는 말을 전하고 싶다.

Q. 소방관이 매일같이 받는 스트레스가 어떤 문제점들을 유발한다고 보는가?
A. 거시적으로는 소방관의 삶의 질을 무너뜨린다고 본다. 이를 더 자세히 들여다보면 개인, 가정, 사회라는 세 가지 측면에서 살펴볼 수 있다.
개인적으로는 지속적인 스트레스가 외상 후 스트레스 장애(PTSD)로 넘어갈 수 있는 소지가 높다. 특히 교대 근무로 인한 불규칙한 스케줄과 형편없는 식습관은 암을 포함한 다양한 질병을 유발할 수 있는 원인이 된다.
가정적인 측면에서 보면 지속적인 스트레스가 부부간의 갈등과 아동학대로 이어질 수 있으며, 불안한 가정은 소방관 안전사고를 포함해서 소방의 기초를 무너뜨리는 원인이 된다.

마지막으로 스트레스로 인한 소방력 약화는 결국 우리 사회의 조직 붕괴를 초래한다.

Q. 스트레스를 잘 관리하기 위해서는 정책도 중요하지만, 소방관 개개인의 노력도 필요할 것 같다. 어떤 조언을 해주고 싶은가?

A. 하루에 단 10분 만이라도 철저히 '이기주의자'가 되라고 권해주고 싶다. 다른 누구도 아닌 소방관 자신 스스로에게만 집중하는 시간을 가지라는 의미다. 자신에게 집중하는 시간을 통해서 지금 내 안에 존재하는 스트레스를 간파할 수 있고, 스트레스에 대응하는 자신의 반응을 읽어낼 수 있다. 그것을 읽어낸 다음에라야 비로소 건강하게 해소할 방법을 찾을 수 있기 때문이다.

Q. 그동안 일선에서 수없이 많은 소방관을 상담했다고 알고 있다. 그중에서 가장 기억에 남는 사례가 있다면?

A. 너무 많다. 그중에서도 특히 기억에 남는 일은 2012년 일산 플라스틱 공장 화재사고에서 순직했던 고 김형성 소방관의 동료였던 화재조사관 4명을 상담했던 일이다. 동료를 잃은 사고에 대해 미처 슬퍼할 겨를도 없이 같은 내용의 사건 보고와 언론 대응을 한 달 동안 반복해야 했던 그들은

다른 동료들에 비해 사건 충격 지수가 가장 높았던 그룹이다. '너무 괴로워 미치겠다.'고 호소하는 그들과 진행했던 특별 상담이 가장 기억에 남는다.

"소방관의 힐링을 위해서라면 전국 어디라도"

(주)스트레스&여가 부대표이자 성공회대학교 시민사회복지대학원
겸임교수로 재직 중인 홍성아 교수가 강의를 진행하고 있다.

Q. 전국적으로 강의 요청이 많다고 들었다. 시간이 많이 부족할 텐데.

A. 모두 다 소화하지는 못한다. 하지만 본업이 강사이자 상담사이기 때문에 일정만 맞으면 대부분 스케줄을 맞추려고

노력한다. 간혹 다른 기관에서 요청을 받게 되면 강사료가 맞아야 출강할 수 있는 현실적인 부분도 존재하지만, 소방이라면 강사료에 구애받지 않고 출강한다.

Q. 그동안 가르친 소방관 제자들이 일선에서 '동료상담지도사'로 활동하는 모습을 보면 소감이 남다를 것 같다. 또 그들에게 당부하고 싶은 말이 있다면?(소방관 동료상담지도사는 정신과 전문의, 전문 상담사로부터 체계적인 교육을 받고 자격을 취득해 동료 소방대원의 정신건강을 보살피는 사람들이다. 필자 주)

A. '동료상담지도사(Peer Counselor)'로 전문성을 더욱 키우기 위해 관련 분야에서 석사 공부를 하거나 사회복지사 자격 취득을 위해 노력하는 등 다양한 꿈을 키워가는 소방관이 늘어가고 있다는 점은 대단히 고무적이다. 또한, 자신들이 배운 소통 기술을 통해 가정과 직장에서 관계가 회복됐다는 말을 들으면 큰 보람을 느낀다.

한 가지 당부하고 싶은 이야기도 있다. '동료상담지도사'는 선경험자로 자신의 경험담을 알려주고 동료들의 이야기를 경청하며 필요할 때 전문가를 연결해주는 멘토 역할에 충실하면 좋겠다. 간혹 자신이 해결사가 되어야 한다는 지나친 욕심으로 자괴감이나 무력감에 빠지는 경우를 볼 때 안타까움이 있다.

Q. 직접 요리한 음식을 들고 소방서를 방문한 적이 있다고 들었다. 일명 '달려라 홍차'라고 불리던데 특별한 계기가 있었나?

A. 주말에는 소방서 주방을 담당하는 분이 없는 곳이 많아서 라면 등 인스턴트식품으로 끼니를 해결하는 일이 종종 있다는 말에 마음이 아팠다. 소방관은 정신 관리도 중요하지만, 스트레스에 대한 면역력을 높이기 위해 영양관리가 필수다. 그래서 올해 11월 9일 소방의 날을 기점으로 시간이 날 때마다 영양가 높은 식단을 직접 준비해서 소방서를 방문하고 있다.

홍성아 교수가 벙커드릴챌린지 도전에 성공한 뒤 파이팅을 외치고 있다.
(벙커드릴챌린지는 소방관들이 착용하는 방화복을 주어진 시간 내에 착용하고 그 시간에 따라서 정해진 기부금을 내는 이벤트다. 필자 주)

Q. 예전에 '벙커드릴챌린지'에 직접 도전한 영상을 보고 소방인의 한 사람으로서 감명을 받았다. 참여하게 된 계기는?

A. 개인적으로 재미있고 의미 있는 경험이었다. 일반 시민들도 소방관을 위해 많은 관심이 있으니 힘을 내라는 취지에서 참여했다. 제자 소방관 중 한 분이 비번 날에 직접 방화복을 가지고 우리 아파트까지 찾아오셔서 아파트 단지에서 촬영했던 기억이 새롭다.

Q. 소방 선진국이라고 불리는 미국에 비해 우리나라 소방관 스트레스 관리시스템의 현실은 어떻다고 생각하는가?

A. 아직은 여러 가지 분야에서 개선되어야 할 부분들이 존재한다. 사회복지 영역에서 보면 스트레스의 효과적인 관리는 견고한 사회적 지지서비스를 통해서 완성될 수 있다고 본다. 신임 소방관에서부터 체계적으로 스트레스에 대한 적극적 정보를 제공해 스트레스 면역력을 높여줘야 한다.

아울러 조직의 리더인 기관장과 소방관 가족에 대한 지속적인 교육, 그리고 불필요한 신고를 하지 않도록 시민들에 대한 미디어 홍보도 필요하다. 소방조직 내에서 충분한 소통이 이루어져야 하는 것도 앞으로 해결해야 할 과제다. 결국, 소통이 없는 조직은 불통이 되고 고통이 수반될 수밖에 없기 때문이다.

Q. 홍 교수의 향후 계획이나 목표를 들어보자.

A. 두 가지 꿈이 있다. 첫 번째는 〈이야기가 있는 카페〉를 운영해 보고 싶다. 생생한 꿈이 이야기를 통해 현실화되는 드라마틱한 공간으로 만들어 보고 싶다. 두 번째는 119명의 소방관에게 수제 케이크를 선물하는 일이다. 현재까지 14명의 소방관에게 케이크를 전달했다. 이런 내 소방 사랑이 주변에 전파됐는지… 최근에는 단골 커피숍에서도 소방관에게 무료로 커피를 제공하고 있다(울먹울먹).

Q. 마지막으로 전국에 있는 소방관들에게 한 말씀 부탁드린다.

A. 균형 잡힌 삶을 살아가라는 조언을 드리고 싶다. 결국 균형 잡힌 삶의 축은 명확한 목표 설정이고 매 순간 꿈을 확인해가면서 행복한 소방관으로 살아가셨으면 좋겠다.

홍성아 교수는 현재 국민안전처 힐링캠프 상담사, 소방관 위기 상황 스트레스 관리프로그램 개발과 운영 총괄 책임자, 경기소방, 인천소방 등에 외래교수로 출강 중이다.

[이건이 만난 사람 – 인물 인터뷰 2, 2016년 11월 28일]

"맨 처음 본 불탄 시신… 동물인 줄 알았다"

_대한민국 최고의 화재조사관 부천소방서 이종인 소방관

대한민국 최고의 화재조사관 부천소방서 이종인 소방관

　다 타버린 건물 속에서 외롭게 진실을 찾아 헤매는 사람들이 있다. 바로 화재조사관들이다. 화재조사관은 화재 원인을 결정하고, 사람의 잘못을 규명하며, 필요에 따라서는 법정에서 진술도 한다. 화재의 원인이 무엇인지에 따라서 결과가 판이해지기 때문에 그들의 일은 대단히 중요한 의미를 있다.

불에 타 뒤섞여 버린 시간의 흐름을 거슬러 올라가 그 원인을 집요하게 파헤쳐야 하는 이 직업은 그야말로 다양한 직업이 하나로 어우러진 전문가 중의 전문가다.

때로는 탐정과 같은 예리한 통찰력이 필요하고, 사실에 근거한 원인을 파악하기 위해서는 수차례 실험을 반복해야 하는 과학자가 되기도 한다. 끊임없는 노력과 인내심이 수반돼야 하는 이 직업은 결코 게으른 사람은 할 수 없는 일이다.

산적해 있는 업무뿐만 아니라 전국에서 밀려드는 자문요청, 강의, 언론 인터뷰 등으로 분주한 이종인 소방관을 지난 12월 6일 어렵게 만났다.

그와의 대화를 통해 화재조사관으로서의 직업관, 보람과 고충, 그리고 전문가 정신에 대해 들어 보았다.

구조대와 구급대가 '소방의 꽃', 화재조사 분야는 한때 한직으로 취급

Q. 먼저 지난해 소방안전봉사상 대상을 받은 것을 축하한다. 특별승진도 했다고 들었다.

A. 주위 동료들의 격려와 도움이 제일 컸다. 개인적으로 실적 관리를 잘하지 못하는 편이라 크게 기대하지 않았는데 동료들 덕분에 좋은 결과가 나와서 감사하다(웃음).

Q. 맨 처음 소방관이 된 것은 언제인가?

A. 1997년 소방공무원에 임용됐다. 임용된 이후 화재진압 대원과 화재조사관으로 현장에서만 19년 10개월을 근무했다.

이종인 화재조사관이 화재현장에서 현장 감식을 진행하고 있다.

Q. 화재조사관이 된 계기가 있다면?

A. 2000년도에 직장 선배의 권유로 화재조사 분야에 관심을 갖게 됐다. 그 당시는 구조대와 구급대가 '소방의 꽃'이라고 불릴 만큼 인기가 높았던 때다. 화재조사 분야는 한직으로 분류돼 소방관들의 관심이 상대적으로 적었는데, 개인적으로 공학도 출신인 데다가 화재 원인을 발굴했을 때의 희열을 느껴보고 싶었고, 다른 사람들이 하지 못하는 나만의 전문분야를 개척해 보자는 마음에서 공부를 시작하게

됐다. 4년 동안의 준비 기간을 거쳐 2004년 3월 정식으로 화재조사 업무를 시작했다.

Q. 화재현장 특성상 화재조사관도 화재진압대원과 거의 같은 수준으로 안전과 건강에 위협을 받는 것으로 알고 있다. 현장에서 어떤 애로사항이 있으며, 화재조사관의 건강과 안전을 위해서 개선되어야 할 점은 무엇이라고 생각하는가?

A. 두 가지를 말씀드리고 싶다. 첫 번째는 인력 보강이다. 아무래도 혼자 현장을 조사하다 보면 중요한 부분들을 놓칠 개연성이 크다. 또한, 화재로 피해를 본 민원인들을 혼자서 상대하는 것도 만만치 않은 일이다. 기본적으로 2명이 한 조가 돼서 화재조사를 진행하는 것이 바람직하고, 화재조사 보고기한도 충분한 조사와 검토가 이뤄질 수 있도록 여유 있게 주어지면 좋겠다.

두 번째는 화재현장 조사에 적합한 기능성 장비 개발과 지급이 필요하다고 본다. 화재조사관은 화재현장에 대한 사진 촬영과 발굴을 해야 하는 업무 특성상 화재진압 대원들과는 달리 공기호흡기 착용이 어렵다. 그래서 보통은 방독마스크나 방진마스크를 착용하는데, 문제는 이 제품들이 모든 유해물질을 효과적으로 걸러주지 않는다는 것이다.

지난 6개월 동안 중앙소방학교와 공동으로 화재현장에서 배출되는 유해가스와 방독·방진마스크 필터의 적응성 실험을 진행했다. 결과는 놀라웠다. 특히 포름알데히드는 특정 제품의 필터 외에는 걸러지지 않는 특성이 있다는 것도 알아냈다. 이 사실을 알기 전까지는 일반적인 방진마스크를 착용해 왔다.

화재현장에서 발생하는 다양한 유해물질에 화재조사관이 지속해서 노출된다면 암을 포함한 각종 질병은 물론이고, 폐 기능 저하, 진폐증 등 여러 가지 건강상의 문제를 유발할 수 있기 때문에 화재현장 조사를 효과적으로 진행할 수 있는 안전장비가 개발·보급됐으면 좋겠다.

피해를 본 민원인의 발화부 변경 요청,
거절했더니 2개월 동안 괴롭혀

Q. 불에 탄 시신을 목격한 적이 있는가? 정신적 충격이 대단했을 텐데…

A. 맨 처음 소사체, 즉 불에 탄 시신을 봤을 때는 사람이 아니라 동물이라고 생각했다. 왜냐하면, 그 당시 사망자는 성인이었는데 팔목과 무릎 이하가 이미 불에 소실된 상태라서 전체적인 신체 사이즈는 초등학교 1학년 정도로 매우 작았기 때문이다.

처음으로 시신을 목격한 이후 한동안은 트라우마로 남아

힘든 시간도 보냈다. 술을 마시면서 해소해 보려고 노력도 했는데 오히려 상황이 더 악화되는 것 같았다. 지금은 힘든 일이 생기면 전문가와의 상담, 등산, 드라이브 여행, 명상 등 건강한 여가활동을 통해서 스트레스를 관리하고 있다.

Q. 이 일을 그만두고 싶었을 정도로 좌절했던 경우는 없었나?

A. 지금으로부터 5~6년 전으로 기억한다. 화재로 피해를 본 한 민원인이 사무실로 전화를 해서 화재가 발생한 지점(발화부)을 바꿔 달라는 요청을 한 적이 있다. 내가 조사한 사건도 아닐 뿐만 아니라, 발화부를 임의로 바꾸는 것은 규정에 어긋난다고 설명해 드렸다.

그때부터 그 사람이 나를 2개월 동안이나 스토커처럼 쫓아다녔다. 사무실에 찾아와서는 욕설을 퍼부은 적도 있다. 그리고도 분이 풀리지 않았는지 시청, 청와대 등 정부 기관이란 곳에는 모두 다 악성 민원을 제기해 검찰에서 피의자로 조사까지 받기도 했다. 화재조사도 하지 않은 사건에 연루돼 조사까지 받다 보니 그때는 솔직히 다른 부서로 보직을 변경할까 고민도 했다.

Q. 4억이나 되는 배상 책임을 진 한 노인의 누명을 벗겨준 사건의 주인공으로 유명하다. 사건을 해결하기 위해 무려

2년 동안이나 조사했다고 들었다. 어떤 일이 있었는가?

A. 이 사건은 화재 발화부가 바뀌면서 피해자가 갑자기 가해자로 바뀐 사건이었다. 그 당시 피해액이 대략 17억 5천만 원 정도로 기억난다. 한 건물에 3명의 세입자가 공동으로 거주하는 상황이었는데 맨 처음 화재는 식당에서 발생했다.

식당 주인이 피해를 본 노인(당시 20평 정도의 벌꿀 창고 운영)에게 변상을 해 주겠다고 했다가 갑자기 화재가 노인의 창고에서 시작된 것으로 바뀌었다. 노인은 손해배상까지 해야 할 위기에 몰렸다.

당시 사건을 담당했던 화재조사관이 찍은 자료 사진과 보고서를 자세히 검토한 결과 최초 화재는 식당에서 발화한 것임을 확인할 수 있었다. 각각의 물건들이 불에 녹는 온도가 다른데 이 원리를 이용해 불이 지나간 길을 확인했고, 유리창 파편이 떨어진 장소도 조사하는 데 참고했다.

그 후 조사한 내용을 담은 의견서가 법원에서 증거로 채택됐으며, 본인 또한 증인으로 출석해 화재가 시작된 장소를 입증하는 객관적 증거와 자료들을 제시했고 마침내 승소할 수 있었다. 사무실로 찾아와 고맙다며 연신 고개를 숙이시던 그 노부부를 생각하면 이 일에 큰 보람을 느낀다.

Q. 화재수사권을 가진 경찰과 화재조사권을 가진 소방이

간혹 현장에서 불협화음을 낸다는 이야기가 있다. 무엇이 문제인가?

A. 화재현장에서 증거물을 확보하는 것과 관련해 잡음이 있는 것이 사실이다. 화재조사든, 화재수사든 결국은 국민을 위한 것이어야 한다. 어떻게 하면 국민에게 신뢰받는 화재조사와 수사 시스템을 구축하는지가 관건이 되어야지 국민을 놓고 기관끼리 서로 '밥그릇' 싸움을 해서는 안 된다고 생각한다.

이종인 화재조사관이 화재조사를 위한 실험을 진행하고 있다.

화재 원인을 찾았을 때의 희열감, "말로 표현할 수 없어"

Q. 올해로 13년 차 화재조사관이다. 그동안 화재조사와

관련된 책도 집필했고, 후배 소방관들 사이에서 최고의 화재조사관이라는 신망도 두텁다. 책임감도 느낄 텐데 소감이 어떤가?

A. 2012년에 한 출판사의 제의를 받아 『화재조사 첫걸음』이라는 책을 출간했다. 화재조사가 굉장히 방대한 영역이어서 연구해야 할 분야가 무궁무진하다. 최고보다는 최선을 다하려고 매 순간 노력한다. 지금도 모르는 부분이 있으면 관련 분야의 교수나 전문가에게 자문을 받는 일에 대해 망설이지 않는다. 오히려 공부할 수 있는 기회로 활용할 수 있다는 것이 고맙다.

Q. 전국 소방학교에서 강의를 하고 있다. 주로 어떤 내용을 강의하는가?

A. 몇 가지 과목들을 맡아서 하고 있다. 『발화기기별 화재』, 『제조물 책임법』, 『특별사법경찰관 양성반』, 『과태료 및 소송관련 업무』, 그리고 『화재 원인별 감식요령』 등이다.

Q. 화재조사관으로서 추구하는 가치나 직업관이 있다면?

A. 한 마디로 '기본에 충실하자'라는 것이다. 개인 생각을 가지고만 조사업무를 수행할 수는 없다. 무엇보다도 신뢰성과 객관성을 확보하는 것이 중요한 만큼 인맥이나 지연 등에 흔들리지 않고 화재조사의 기본 목적에 충실히 하는

것이 필요하다고 생각한다.

Q. 화재조사관이라는 직업은 어떤 매력이 있는가?
A. 화재 원인을 찾았을 때의 희열감이 무엇보다도 크다. 화재현장 감식, 화재의 패턴, 관계자 진술 등 여러 가지 조건들을 검토해 화재의 원인이 명확해졌을 때 그 기분은 말로 표현할 수 없을 정도다. 또 다른 하나는 나만이 할 수 있는 전문분야가 있다는 것이 즐겁다.

Q. 화재조사관이 되기 위해 필요한 자격요건은 어떻게 되나?
A. 먼저 12주 과정의 〈화재조사관 교육과정〉을 이수해야 한다. 교육을 마치고 나면 화재조사관 시험에 합격한 뒤 보직을 받으면 화재조사관으로 근무할 수 있다.

Q. 화재조사관이 되기 위해 준비하고 있는 후배들에게 한 말씀 부탁드린다.
A. 단순히 멋있어 보인다고 생각해서 접근하면 안 된다. 겉멋만 부리다가 쉽게 포기하는 사람들을 많이 봤다. 화재조사관이 되려는 사람은 기본적으로 탐구성이 강해야 하고 화재 원인을 밝혀내기 위해 끝까지 포기하지 않는다는 마인드가 필요하다.

Q. 이종인 화재조사관의 향후 계획이나 꿈을 들어보자.

A. 우선은 지금의 내 일에 충실히 하는 것이다. 퇴직 이후에도 내가 쌓은 경험과 지식을 후배들에게 나누어 주고 싶다. 이웃 나라 일본을 보면 퇴직한 화재조사관들이 모임이나 학회를 통해서 후배 조사관들과 자연스럽게 교류하며 그들의 멘토가 된다. 나 역시 그런 교류 역할을 하고 싶고 항상 중심을 지킬 수 있는 화재조사관으로 남고 싶다.

오늘 바쁜 시간을 쪼개 인터뷰에 응해주셔서 감사하다. 앞으로도 많은 활동 기대한다.

이종인 소방관은 19년 차 소방관으로서 현재 전국 소방학교에서 화재조사와 관련된 강의를 하고 있다. 저서로는『화재조사 첫걸음』과『화재감식평가기사-공저』가 있으며, 대법원 심리전문위원(화재조사 분야)과 주요 방송국 화재조사 자문 위원으로도 활동하고 있다.

[이건이 만난 사람 – 인물 인터뷰 3, 2016년 12월 6일]

'소방관' 위해 20년간 뛴 이 남자의 목표

_119소방안전복지사업단 최인창 단장

119소방안전복지사업단 최인창 단장

소방관의 아픔과 복지를 이야기하는 곳에는 항상 그가 있다. 바로 119소방안전복지사업단 최인창 단장이다.

요즈음도 그의 사무실에는 일주일에 4~5건씩 소방관들로부터 자문이나 도움을 요청하는 전화가 걸려온다. 그만큼 그를 믿고 의지하는 소방관들이 많다는 방증이다.

하소연할 곳 없는 소방관들의 고민을 들어주고 해결해 주기 위해 노력하는 그는 소방관들의 든든한 맏형 역할도 마다하지 않고 있다. 현재 우리나라에는 대략 4만 4천여 명의 소방관이 근무하고 있다. 이 중 1%에 해당하는 소방관들만이 국가직 공무원이고, 나머지 4만 3,500여 명은 지방자치단체 소속의 지방직 공무원들이다.

지방직 소방관들은 각 지자체별 예산에 따라 소방 장비와 인력 편성에서 크게 영향을 받는다. 서울이나 경기도의 경우는 그나마 사정이 나은 편이지만, 예산이 부족한 전북·전남·강원도의 경우 소방관 숫자와 장비가 턱없이 부족해 현장에서 소방관의 안전과 보건이 타협 받는 경우가 다반사다.

'안전한 대한민국'이라는 화려한 캐치프레이즈 뒤에서 묵묵히 수고하고 있는 우리의 소방관들이 '국가직-지방직'이라는 이원화된 재난관리 시스템 속에서 안전과 보건의 사각지대로 내몰리고 있는 실정이다.

하지만 정부의 자세는 여전히 소극적이다.

현장 활동으로 인한 부상과 질병으로 고통받는 원인을 파악하고 대책을 제시하는 일에는 항상 반 박자 늦어 선제적 대응이 어렵다. 벤젠·포름알데히드 등 유해물질이 가득한 화재와 구조현장에서 임무를 수행하다가 얻은 암이나 백혈병과 같은 병에는 해당 질병을 얻은 소방관이 직접 업무와의 연관성을 밝히라며 억지를 부린다.

이런 어처구니없는 현실 속에 내동댕이쳐진 소방관들을 그냥 보고만 있을 수 없어 그가 나섰다. 소방관을 위한 일이라면 쓴소리도 마다하지 않으며 두 팔 걷어붙이고 달려온 지 벌써 20여 년이 훌쩍 지났다.

소방관 처우 개선과 권익 보호를 위해 전국으로 다니는 그를 지난 12월 26일 서울에서 만났다. 소방관이 행복한 나라를 만들기 위해서는 어떤 노력과 지원이 필요한지 그를 통해 직접 들어보자.

"소방관이 살아야 국민이 산다"

지난 2007년 최인창 단장이 국회 앞에서 소방관 처우개선을 위한 1인 시위를 하고 있다.

Q. 맨 처음 어떻게 소방과 인연을 맺게 됐는지가 궁금하다.

A. 1989년 『소방 2000년』이란 소방전문지가 창간될 때 기자로 입사하면서 소방과 처음으로 만나게 됐다.

Q. 소방전문지 기자 출신이라는 것은 몰랐다. 몇 년 동안이나 기자로 활동했나?

A. 그랬나? 기자로 활동한 지는 약 12~3년 정도 됐다.

Q. 기자 생활을 하면서 느꼈던 소방과 지금의 소방은 어떤 차이가 있는가?

A. 소방조직이 내무부 소속이었던 시절부터 지금의 국민안전처에 이르기까지 20년이 넘는 시간을 소방과 함께해 왔다. 그 당시와 비교해보면 1만 2,000여 명 정도였던 소방관의 숫자가 지금은 4만여 명을 넘겼다는 것과 수당이나 급여 부분이 어느 정도 상향 조정된 정도의 미미한 변화는 있었다.

하지만 국민의 손과 발이 돼야 하는 소방조직은 여전히 집 없이 떠도는 서글픈 신세가 아닌가 하고 생각해 본다. 아직도 정부로부터 소방조직의 예산과 인사에 대한 전폭적인 지원을 끌어내는 것이 어려운 상황임을 고려한다면 크게 달라진 점은 없다고 생각된다.

Q. 119소방안전복지사업단은 어떤 단체인지 간략하게 소개해 달라.

A. 119소방안전복지사업단은 법정 단체인 〈대한민국재향소방동우회〉의 자회사다. 2015년 1월 29일 서울 영등포구 당산동 사무실에서 현판식을 하고 본격적인 활동을 시작했다. 사업은 크게 6개 분야(미디어, 복지, 교육, 인적 운용, 조달, 유통 분야)에 초점을 맞춰 추진하고 있다. 투명하고 공정한 사업 운용을 통해 수익금을 소방조직에 환원하고 전·현직 소방관들의 처우 개선과 복리 증진을 위해 힘쓰는 것이 주된 목표이며, 대기업이나 민간단체와 협약을 통해서 소방 퇴직자의 재취업도 추진하고 있다.

Q. 현재 소방관을 위해 진행 중인 프로젝트는 어떤 것들이 있는가?

A. 우선 생각나는 것은 버려진 방화복을 리폼해서 만든 백팩(가방)을 판매해 암 등으로 투병 중인 소방관 27명에게 지난 1년 동안 총 2,700만 원을 기부하는 행사가 있었다. 법무법인과 협약을 체결해 소방관을 위한 무료 변론 등 법률 지원 네트워크도 마련했으며, 의료, 리조트, 웨딩, 추모관 관계자와 협약을 통해 소방가족들에게 할인 서비스를 제공하고 있는 것도 하나의 성과라고 할 수 있다. 2017년에 계획한 핵심 사업으로는 ㈜이베이코리아와 함께

진행하는 119안전센터 내 소방관을 위한 휴식 공간 마련 기부 프로젝트가 있으며, ㈜좋은사람들과 함께 소방관 전용 언더웨어를 개발해 일반인들에게 판매하고 판매한 수량만큼 소방관에게 다시 돌려주는 원 플러스 원 행사도 준비하고 있다. 장기적인 프로젝트로는 제주도에 소방가족의 힐링을 위한 리조트 설립, 그리고 재활치료센터 설립을 구상 중이다.

Q. 소방관을 대변해서 쓴소리를 하다가 주위에서 원망이나 오해도 많이 받는다고 들었다.

A. 열 번 잘해주다가도 한 번 못 해주면 서운한 게 사람이기 때문에 별로 신경 쓰지 않는다(웃음). 그런 거 다 신경 쓰면 이 자리까지 오지도 못했다. 사실 나에게는 안티도 많다. 하지만 안티도 나에겐 큰 힘이 된다. 그들도 소방관이기 때문이다. 또 다른 시각으로 상황을 다시 한 번 살펴볼 수 있는 계기로 삼고 있다.

"보고 싶다, 성웅아!"

Q. 올해 암으로 생을 마감한 고 금성웅 소방관과는 각별한 사이로 알고 있다. 그의 죽음 이후 심경의 변화라든지 개인적으로 달라진 점이 있다면 힘들겠지만 한 말씀 부탁드린다.

A. 20여 년 전 개인적으로 알고 지내던 고등학교 선배를 만나러 동대문소방서 구조대를 방문했다가 당시 신임 소방관이던 금성웅 후배를 만나게 됐다. 그 이후로도 동대문소방서를 방문할 때마다 인사를 나눴다. 그렇게 가끔 연락을 이어오다 어느 날 금성웅 소방관이 자신의 페이스북에 사진을 올린 것을 보고 암으로 투병 중인 사실을 알게 됐다. 남양주에 위치한 한 요양원에서 다시 성웅이를 만났을 때 아무 말도 하지 못하고 눈물만 흘렸다.

국가와 국민을 위해 헌신한 대가가 고작 암인가 싶기도 했고 나 몰라라 하는 정부가 원망스럽기도 했다. 이런 사실은 많은 뉴스와 방송을 통해 알려지게 됐고, 그 이후 많은 이들의 응원과 격려도 쏟아졌다. 이를 계기로 국회와 정부에서도 관심을 갖게 되었다고 생각한다.

지난해 암으로 투병 중인 경북 경주소방서 금성웅 소방관을 찾아가 격려하고 있는 최인창 단장
(고 금성웅 소방관은 암으로 투병하면서 공무상 질병을 인정받기 위해 노력하다가
올해 우리 곁을 떠났다. 필자 주).

지난 9월 20일 국회에서 개최되었던 '고 김범석 소방관법' 토론회

Q. 지난 9월 표창원 의원실과 함께 국회에서 '고 김범석 소방관법' 토론회를 개최했다. 개최한 배경은?

A. 매일 습관적으로 소방 관련 뉴스, SNS, 그리고 정부의 홈페이지 등을 검색한다. 고 김범석 소방관의 사연은 서울에 근무하는 한 소방관의 페이스북을 통해 접하게 됐다. 청와대 게시판에 올라와 있던 김정남 님(고 김범석 소방관 부친)의 호소문을 읽으면서 어떻게든 도움을 드리고 싶었다. 평소 친분이 있던 표창원 의원실에 연락을 해 관련 회의를 하게 됐는데, '정상이 아닌 거 같습니다. 함께 바꾸어 보시죠.'라는 표창원 의원의 답변에 힘입어 지난 9월 20일 국회에서 '고 김범석 소방관법' 토론회를 개최하게 됐다. 현재는 관련 법안 발의도 준비하고 있다고 알고 있다.

(일명 '구조머신'으로 불리던 강한 체력의 고 김범석 소방

관은 8년 차 소방관이었다. 혈관육종암이란 희귀병으로 7개월간 투병하다가 올해 31살이라는 젊은 나이로 생을 마감했다. 현재 그의 유가족은 고인의 뜻에 따라 공무원연금공단을 상대로 공무상 사망을 인정받기 위해 소송을 진행 중에 있다. - 기자 말)

Q. 지금 이 시각에도 부상이나 질병으로 병상에 누워 있는 소방관들이 있다. 정부의 역할에 대해 조언을 해 준다면?
A. 항상 주장해왔던 이야기를 되풀이하지 않을 수가 없다. 소방관의 업무 특수성을 고려한 정책이 더 많이 나와야 한다고 생각한다. 일회성, 선심성, 홍보성 정책만으로는 효과적이지 않다. 또한, 그들을 일반직 공무원과 동일한 잣대로 평가하는 방식도 지양되어야 한다고 생각한다.
매 순간 사선을 넘나들며 위험에 노출된 고위험성 직군을 고려해 정부에서도 심도 있게 접근해 이들을 보호해 줘야 한다. 정부에서 보호해 주지 못해서 소방관들이 아프면 국민을 보호하는 데 최선을 다할 수 없기 때문이다.

Q. 지난 12월 14일 소방동우회와 함께 의료사각지대에 놓인 12명의 소방관을 찾아가 각각 100만 원씩 전달했다고 들었다.
A. 백혈병으로 투병 중인 전남 목포소방서 오영택 소방관과 대장암으로 투병 중인 광주 서부소방서 좌상두 소방관

등 12명에게 각각 100만 원씩을 전달했다. 물론 의료비를 충당하기에는 턱없이 부족한 금액이라는 것을 잘 알고 있다. 질병으로 고통받고 있는 소방관은 어떻게 보면 의료복지 사각지대에 놓여 있는 것이 현실이다. 질병과의 업무 연관성을 밝히기 어려운 경우가 많기 때문이다. 앞으로도 소방동우회와 복지사업단은 정부의 지원으로부터 소외된 소방관과 그 유족들을 대상으로 지속적인 지원 활동을 진행할 계획이다.

"소방관은 영웅이 아닌 우리의 이웃입니다"

Q. 흔히들 소방관을 가리켜 영웅이니 또는 슈퍼맨이라고 부른다. 하지만 일반인들은 영웅이란 화려함 뒤에 가려진 슬픔과 아픔을 잘 알지 못한다. 이 자리를 빌려 시민들에게 당부하고 싶은 이야기가 있다면?

A. 기본적으로 소방관의 핏속에는 일반인이 가지지 못한 희생의 DNA가 있다고 생각한다. 위급한 상황에서 몸이 먼저 반응하는 소방관의 숨겨진 희생을 측은함이나 동정하는 마음으로만 바라보지 않았으면 좋겠다. 그들의 노고를 진심으로 예우하고 인명안전 전문가라는 존경의 대상으로 봐주셨으면 한다.

Q. 언제까지 소방관의 복지와 처우 개선을 위해 계속 활동을 할 생각인가?

A. 소방공무원들의 염원인 국가직 전환과 소방의 독립청, 그리고 소방동우회가 명실상부하게 국가단체로써 위상이 잡히고 더불어 119소방안전복지사업단 사업 중에 소방관을 위한 복지사업이 없어지는 날이 오면 후회 없이 자리를 떠나려고 한다.

Q. 주위의 소방관들로부터 신망이 두텁다는 이야기를 전해 들었다. 전국의 소방관들과 소방을 사랑하는 소방인들에게 한 말씀하신다면?

A. 아직은 미약하지만, 내년에는 선택과 집중을 통해 도약하려고 한다. 왜곡된 시선이 아닌 응원과 관심의 시선으로 바라봐 주셨으면 좋겠고 아울러 고견과 충고도 언제든지 환영한다.

Q. 최인창 단장의 향후 계획이나 꿈을 들어보자.

A. 사실 저희의 손길을 원하는 곳이 너무나도 많다. 할 일은 많고 사무실 인원과 재정은 턱없이 부족한 실정이다. 최근 사업단의 일들이 조금씩 알려지면서 여러 부문에서 조력자들이 나타나 힘이 되는 것은 고무적이라고 할 수 있다. 뭐 별다른 계획이 있겠는가?

향후 소방동우회와 함께 전현직 소방관들과 소외된 소방인들의 복지 향상과 처우 개선에 전력을 다하고 싶다. 앞서 이야기한 바와 같이 소방관 신분의 국가직 전환과 소방이 독립청으로 거듭나 누구의 영향도 받지 않는 재난 전문 조직으로 재도약 할 수 있도록 국회와 국민들을 대상으로 홍보 활동을 강화해 나갈 생각이다. 마지막으로 열악한 가운데 함께 해주는 119소방안전복지사업단 식구인 홍준성 본부장, 김태훈 본부장, 그리고 배형순 과장에게도 진심으로 감사하다고 말하고 싶다.

오늘 바쁜 시간을 쪼개서 인터뷰에 응해주셔서 감사하다. 앞으로도 소방관을 위한 멋진 활동 기대한다.
119소방안전복지사업단 최인창 단장은 사업을 통해 얻은 수익금을 소방조직 발전을 위해 다시 환원하고 있으며, 소방관이 건강하고 행복한 삶을 살 수 있도록 만드는 일에 노력하는 전국구 명예 소방관이다.

[이건이 만난 사람 – 인물인터뷰 4, 2016년 12월 26일]

소방관을 키워내는 '수난구조 덕후'가 있다

_서울소방학교 생활지도관 한정민 소방위

지난달 23일 서울소방학교 한정민 생활지도관(소방위. 좌)이 한 신임 소방관과
'제104기 신임 소방사반' 졸업식을 마치고 함께 포즈를 취하고 있다.

지난해 12월 23일 184명의 제104기 신임 소방관들이 5개월간
의 훈련을 마치고 서울소방학교를 졸업했다. 더는 교육생 신분이
아닌 정식 소방관으로 사회에 첫걸음을 내딛는 순간이다.

소방공무원 시험에 합격한 사람들이 소방학교에 입교하면서부터 졸업할 때까지 그들의 일거수일투족을 관리하며 일반인에서 국민의 생명과 재산을 지키는 소방관으로 다시 태어날 수 있도록 돕는 소방관이 있다. 바로 서울소방학교 생활지도관 한정민 소방위다.

교육 특성상 합숙을 해야 하는 교육생들에게는 반드시 지켜야만 하는 규정들이 존재한다. 그래서 흔히들 생활지도관을 엄격한 '기숙사 사감'에 비유하곤 한다.

19년 차 베테랑 구조대원 한정민 소방위가 지난해부터 생활지도관으로 역할 변신을 시도했다.

새로운 역할이 아직은 낯설고 어색할 법도 하지만 그의 각오는 대단하다. 소방에 갓 입문한 새내기들에게 소방의 전통을 알려주는 전달자, 소방의 긍정적 이미지를 만들어 주는 디자이너, 그리고 현장 선배로써 그동안의 경험과 지식을 전수해 주는 멘토라는 1인 3역에 도전한다.

'밥값 하는 소방관'이 되라고 항상 강조하는 한정민 소방위를 2017년 오마이뉴스 '이건이 만난 사람'의 첫 번째 주인공으로 정해 보았다.

지난 1월 2일 서울소방학교에서 그를 만나 새로운 도전과 의미를 들어봤다.

"수난구조 덕후의 새로운 도전"

2013년 6월 한정민 소방관이 미국 콜로라도에서 개최된 '급류 구조교육 (Swift Water Rescue Training)' 평가를 마친 뒤 동료들과 함께 포즈를 취하고 있다.

Q. 언제 소방에 입문했나?

A. 1998년 2월 소방에 입문했다.

Q. 그동안 맡았던 일들을 간략하게 소개해 달라.

A. 맨 처음 서울 서초소방서에 발령받아 7개월 정도 근무하다가 성동소방서 수난구조대가 만들어지면서 창립멤버로 근무했다. 그 이후 중앙119구조단(현 중앙119구조본부)으로 자리를 옮겨 수난구조 업무 13년, 인명구조견 핸들러로

2년을 보냈다. 지난해 서울소방학교로 옮겨 현재는 생활지도관으로 근무하고 있다.

Q. 수난구조 분야의 전문가로 알고 있다. 어떤 계기로 수난구조 분야에서 일하게 됐는가?

A. 원래 해군 특수전전단(UDT) 출신이다. 중사로 제대한 이후 소방에서 '수난구조' 분야 특채를 모집한다는 공고를 보고 지원해 근무를 하게 됐다.

Q. 수난구조 분야에서 어떤 활동을 했는가?

A. 그동안 많은 일이 있었다. 기억나는 일로는 천안함 사고와 세월호 사고 때 수색작전에 참여했고, 2006년에는 아시아인으로는 이례적으로 초청을 받아 북대서양조약기구(NATO) 연합군과 함께 '재호흡기를 이용한 수색 및 인양 훈련'에 참가한 적이 있다.

Q. 수난구조는 업무 특성상 아주 많은 체력을 요구하는 것으로 알고 있다. 평소 어떻게 체력관리를 하고 있는가?

A. 2016년부터 서울소방 사이클팀(Team FFR)에 소속돼 동료 소방관들과 함께 사이클을 즐기고 있다. 같이 대회에 출전하기도 하고 사이클을 타면서 동료들과 살아가는 이야기를 나눌 때면 대단히 행복함을 느낀다.

한정민 소방관이 소속된 서울소방 사이클팀 'Team FFR'이
잠시 휴식을 취해 포즈를 취하고 있다.

Q. 중앙 119구조단 근무 당시 해외 재난현장에 수차례 출
동한 적이 있다고 알고 있다. 기억에 남는 재난현장과 그곳
에서 어떤 임무들을 수행했는지 소개해 달라.

A. 출동했던 나라로는 아이티, 필리핀, 이란, 중국 쓰촨성,
태국, 일본, 인도네시아가 있다. 대지진 등 자연재해로 큰
피해를 본 나라들이었는데, 그 당시 인명구조견 핸들러로
인명수색과 구조, 그리고 사체 수습 임무에 참여했다.

Q. 수없이 많은 사체를 수습했다고 들었다. 그 이후 트라
우마는 없었나?

A. 아이티와 필리핀에 출동했을 때는 사체를 산더미처럼 쌓아 놓은 모습을 보고 충격을 받기도 했다. 그 이후로도 많은 사체를 수습했다. 트라우마가 전혀 없다고는 말할 수 없으나 지금은 잘 극복해서 괜찮다.

2013년 11월 한정민 소방관과 중앙119구조본부 소방대원들이 필리핀 재난현장에서 수색작업을 펼치고 있다.

Q. 2011년 중앙119구조단이 유엔(UN)으로부터 전 세계 구조 분야의 최고 등급이라고 평가받는 헤비(Heavy) 등급을 인정받았다. 팀의 일원으로써 감동이 컸을 것 같은데 소감이 어땠는가?
A. 오랜 기간 준비하느라 모든 사람이 고생을 많이 했다. 그

당시 몇 개 안 되는 나라들만이 헤비(Heavy) 등급을 인정받고 있었기 때문에 첫 도전에 바로 최고 등급을 인정받을 수 있을까 하는 의구심이 있었는데, 막상 헤비(Heavy) 등급으로 인정을 받고 보니 팀의 일원으로써 국위선양에 이바지한 것 같아서 무척 기뻤다. 지난해 실시된 재평가에서도 최상급을 인정받았다고 들었다. 가슴 뿌듯하다.

(유엔 국제탐색구조자문단(INSARAG)은 각 나라의 국제구조대를 역량에 따라 3개의 등급(Heavy, Medium, Light)으로 나누어 평가·승인하고 있으며, 헤비(Heavy) 등급을 인정받은 구조대는 해외 재난현장에서 우선 접근권을 부여받는다. 필자 주)

Q. 소방관들의 올림픽이라고 불리는 '세계소방관경기대회'에 출전한 적이 있다고 들었다. 어떤 종목에 출전했나?

A. 2000년에 프랑스에서 개최된 '제6회 세계소방관경기대회(6th World Firefighters Games)'에 출전한 적이 있다. 수난인명구조 분야와 5km 핀수영 분야에 출전했었다. 아쉽게도 메달을 따지는 못했지만 전 세계에서 온 소방관들을 만나 우정을 나누고 강한 동기부여를 받는 계기가 됐다.

"밥값 하는 소방관이 되라"

지난해 11월 8일 한정민 소방관이 제104기 신임 소방관 교육생들과 함께
극기훈련 프로그램의 하나로 설악산을 오르고 있다.

Q. 지난해부터 서울소방학교에서 생활지도관으로 변신을
했다. 생활지도관은 어떤 일을 하는 건지 구체적으로 설명
부탁드린다.

A. 생활지도관은 아침 기상부터 구보, 학과 출장, 기타 행정
업무 등 교육생들의 학교생활 전반에 관한 관리 감독을 하
는 사람이라고 보면 된다.

Q. 지난 5개월 동안 누구보다 가까이에서 예비 소방관들
을 지켜봤다. 일반인에서 소방관으로 변화하는 모습을 보

면 어떤 느낌이 드는가?

A. 요즈음 입사하는 신임 소방관들은 예전보다 적극적이고 똑똑하다는 인상을 받는다. 하지만 개인 성향이 강해 팀워크가 절대적으로 필요한 소방조직에서 보면 아직 덜 성숙한 부분이 있다고 본다. 이런 부분들이 시간이 흐르면서 동료를 먼저 배려하고 팀플레이를 하는 모습으로 변하는 것을 보면 뿌듯하다.

Q. 가장 기억에 남는 교육생이나 에피소드가 있다면?

A. 소방관이 되기 위해서는 강한 체력과 전문성이 필수다. 교육생들과 함께 매일 아침 5킬로미터씩 구보를 했는데, 유독 한 교육생이 체력적으로 굉장히 힘들어했던 기억이 난다. 한 2개월 정도가 지나서 그의 몸무게가 10kg 정도 빠졌고, 달리기도 8km까지 여유 있게 달리던 모습이 생각난다.

Q. 이번에 졸업한 신임 소방관들이 일선 현장에 배치됐다. 기대 반 걱정 반일 텐데 선배로서 그들에게 조언을 한마디 해 주신다면?

A. 사실 기대보다는 걱정이 많다(웃음). 학교에서 훈련받을 때처럼 항상 안전에 신경 써 주기 바란다. 소소한 영웅심에 도취하지 말고 선배들과 팀워크를 잘 맞춰 나갔으면 한다. 한 가지 더 추가한다면 매너리즘에 빠지지 말고 자기계발

에도 충실했으면 좋겠다.

Q. 올해는 제105기 예비 소방관들이 학교에 입교할 예정이다. 어떤 각오로 임하겠는가?
A. 교육과 현장의 동떨어진 이질감을 최대한 극복시키고 싶다. 남을 살리기 위해서는 훌륭한 인성과 강한 체력이 필수다. 이 점에 초점을 맞춰 진정한 프로페셔널로 길러내고 싶다.

Q. 교육생들에게 어떤 지도관으로 기억되고 싶은가?
A. 교육생들에게 인기 있는 지도관이 되기보다는 원칙에 충실하고 편견 없이 교육생을 대하는 품격 있는 지도관이 되고 싶다(미소).

Q. 한정민 소방관의 향후 계획이나 꿈을 들어보자.
A. 한때는 꿈이 너무 많아서 나 스스로를 힘들게 한 부분이 많았다. 가족들과의 관계도 소원했었고…. 지금은 소방 선배나 동료, 그리고 후배들로부터 사람 냄새나는 괜찮은 소방관으로 평가받고 싶은 것이 꿈이다.

수난구조 전문가 한정민 소방위는 2011년 근정포장을 수상했으며, 잠수기능사, 인명구조사, 미국 화재 대응능력

자격인 Firefighter I, II, 그리고 미국 급류구조 교관(Swift Water Rescue Trainer) 자격을 보유하고 있다. 동계 수난 구조 교관, 인명구조사 교관 등을 역임했으며, 현재는 서울 소방학교에서 신임 소방관들을 지도하는 생활지도관으로 근무 중이다.

[이건이 만난 사람 – 인물인터뷰 5, 2017년 1월 2일]

소방서에 런웨이를… 이 남자 남다르다

_소방 크리에이터 이규동

2015년 11월 서울 동작소방서에서 개최된
'제1회 소방관 패션쇼(1st Fire Fighter Fashion Show)'

오래된 소방제품의 흔적들을 소재로 소방의 의미를 새롭게 해석하고 재창조하는 젊은 CEO가 있다. 호서대 소방방재학과를 졸업하고, 2014년 소방패션 전문브랜드 'Fire Markers(파이어마커스)'를 설립한 이규동 대표(30)가 바로 그 주인공이다.

올해로 3년 차에 접어든 이 회사는 '소방을 담다'라는 슬로건을 내걸고 영역을 넓혀가며 활발한 활동을 이어가고 있다.

그의 손을 거치면 수명을 다한 소방호스가 추억과 안전 메시지가 담긴 가방과 지갑으로 다시 태어난다. 2015년에는 국내 최초로 소방서에서 패션쇼를 진행하는가 하면, 최근에는 소화기 제조업체와 협업을 통해 눈길을 사로잡는 예쁜 소화기도 만들고 있다.

파이어마커스 이규동 대표(30)가 '폐 소방호스'를 소재로
자신이 직접 제작한 가방을 선보이고 있다.

그의 아버지가 현직 소방관이어서였을까? 그래서인지 소방관을 응원하는 비즈니스 모델을 만들어보겠다는 그의 포부가 왠지 더 설득력이 있어 보인다. 제품 판매를 통해 얻은 수익금 일부는 소방관을 위해 다시 사용한다는 것이 회사의 방침이다.

앞으로도 다양한 장르와 협업을 통해 헌신의 아이콘인 '소방관 정신'을 주위의 더 많은 사람과 공유하고 싶다는 그는 이미 자신만의 방식으로 소방에 의미 있는 흔적들을 남기고 있었다.

여러 가지 프로젝트로 분주한 그를 지난 1일 만나 이 일의 의미와 앞으로의 계획을 들어보았다.

제품에 소방정신을 담다

Q. 만나서 반갑다. 먼저 파이어마커스란 회사에 대해 간략한 설명을 부탁드린다.
A. 파이어마커스는 지난 2014년 창립된 회사로 소방의 흔적들을 소재로 제품을 만드는 소방패션 전문브랜드 업체다. 처음에는 폐소방호스로 가방을 만들었고, 지금은 소방에서 사용되는 다양한 아이템을 바탕으로 소방정신과 안전을 담은 새로운 디자인으로 재창조하는 작업을 하고 있다. 안전도 하나의 디자인이 될 수 있다는 것이 우리의 생각이다.

Q. 파이어마커스가 추구하는 가치는 무엇인가?
A. 시민들의 입장에서 소방을 새롭게 해석해 소방관들을 응원하고 그들의 밝고 긍정적인 면들을 홍보하는 데 주력하고 있다. 한 예로 우리가 만든 '1325:1'이라는 로고의 의

미는 1,325명의 시민이 한 명의 소방관을 응원하자는 취지로 만든 것이다.

Q. 호서대학교에서 소방방재학을 전공한 것으로 알고 있다. 어떻게 이 분야로의 창업을 결심하게 되었는가?

A. 대학교 2학년을 마치고 1년 동안 휴학을 하면서 소방공무원 시험을 준비했었다. 하지만 시험을 준비하면서 많은 고민이 있었다. 이상과 현실 사이의 괴리감 속에서 고민하던 차에 학교의 창업동아리 활동을 하면서 굳이 소방관이 아니더라도 소방과 관련된 분야에서 일할 방법들을 찾게 되었다. 그중에서 영국의 '엘비스 앤 크레세(ELVIS & KRESSE)'란 회사가 버려진 소방호스를 소재로 다양한 제품을 만드는 것을 보고 창업을 결심하게 됐다.

파이어마커스 이규동 대표가 새로운 작품을 만들고 있다.

Q. 전문적으로 디자인과 관련된 공부를 한 적이 있는가?

A. 그렇지는 않다. 인터넷과 각종 자료를 하나하나 찾아보고 수집했다. 그리고 직접 발로 뛰면서 노하우를 터득했다. 가방 하나를 만들기 위해서 수백 개의 가방을 직접 만들어보기도 했다.

파이어마커스 이규동 대표가 새로운 작품을 만들고 있다.

Q. '폐소방호스'로 가방을 만드는 파이어마커스의 활동이 알려지면서 여러 언론의 관심을 받고 있다. 부담스럽지는 않은가?

A. 전혀 부담스럽지 않다(웃음). 관심은 한순간이다. 중요한 것은 회사가 어떤 가치를 세우고 뚝심 있게 나아가는지가 중요하다고 생각한다. 솔직히 우리는 영리를 추구하는 회사다. 소방과 안전의 메시지를 담은 스타일리시한 제품을 만들어 소비자를 만족시키고 싶고 그에 상응하는 대가를 받고 싶다.

"소방관 아버지, 존경합니다"

Q. 아버지가 현직 소방관이다. 소방학과를 졸업하고 소방

패션 전문브랜드를 설립한다고 했을 때 아버지의 반응은 어땠나?

A. 그때도 그랬고 지금도 여전히 반대하신다(미소). 아무래도 부모의 입장에서는 안정적인 직업을 갖는 편이 낫다고 생각하시는 것 같다. 하지만 좋은 제품과 성과가 나올 때마다 응원을 아끼지 않으신다.

파이어마커스 이규동 대표가 아버지 이인희 소방관과 함께 소방호스를 살펴보고 있다.

Q. 맨 처음 폐소방호스를 수거해서 업사이클링 제품을 만드는 일이 쉽지만은 않았을 것 같다. 중간에 그만두고 싶은 적은 없었나?

A. 2014년에 사업을 시작한 뒤 2015년 중반까지 매출이 없었다. 설상가상으로 정부에서 사회적 기업 지원 사업으로 지원해준 2,500만 원의 지원금도 바닥이 나 경제적으로도 어려움이 많았다. 어렵게 이 시기를 버텨내자 2015년에 5,000

만 원, 2016년에는 1억 원이라는 매출을 거둘 수 있었다.

Q. 지난해 경기대학교 창업콘서트에도 강사로 참여했다. 창업을 준비하고 있는 대학생들에게 무슨 이야기를 해 주었나?
A. 요즈음 젊은이들은 생각만 많고 도전 자체를 두려워하는 경향이 있다. 그래서 그들에게 실패를 두려워하지 말고 조금 무모해 보여도 도전해 보라고 권해준다. 창업할 때에는 절대 대출받지 말고 리스크가 적은 아이템을 선정하라는 팁을 주기도 한다(미소). 남들이 하지 않는 블루오션을 찾아서 새로운 것을 만들어 가는 성취의 기쁨을 만끽해 보라고 이야기해 주곤 한다.

소방의 이미지를 새롭게 창조하다

Q. 시중에서 보던 소화기와는 차별화된 예쁜 디자인 소화기를 만들어 판매했다고 들었다. 반응은 어땠나?
A. 맨 처음 예쁜 디자인이 담긴 소화기를 만들어 보자는 아이디어가 나온 뒤 협업을 위해 국내 소화기 제조업체들을 몇 군데 방문했으나 모두 문전박대를 당했다. 아마도 젊은이들의 무모한 도전이라고 여기셨던 것 같다. 안전도 디자인이 될 수 있다는 설명과 마케팅 방법을 제시하자 한 업

체가 손을 잡아 주었다. 그렇게 해서 2016년 프로토타입의
소화기 샘플이 만들어졌다. 일명 'K-Heroes'라는 이름의
소화기였는데 300개가 모두 판매돼 1,500만 원의 수입을
거뒀다. 수입금 일부는 서울 노원소방서와 함께 소방 취약
계층에 200개의 소화기를 기부하는 것으로 다시 환원됐다.

국내 소화기 전문 업체와의 협업을 통해 새롭게 디자인된 소화기

Q. 지금 이 순간에도 출동하고 있을 소방관들에게 한 말씀
해주신다면?

A. 아버지가 소방관이셔서 소방관들의 어려움과 수고를 잘
알고 있다. 아버지 역시 술에 취한 사람으로부터 폭행을 당
한 적도 있고, 소방차가 자신의 차량 진행을 방해한다는 이
유로 한 젊은이로부터 아버지가 욕설을 들었다는 이야기를

전해 듣고 마음이 너무 아팠다. 이제는 시민들 스스로 안전에 관한 인식을 바꿔야 할 때가 아닌가 생각한다. 그 부분을 위해 미력하나마 최선을 다하겠다는 말로 감사의 인사를 대신하고 싶다.

파이어마커스에서 제작한 다양한 제품들

Q. 이규동 대표의 향후 계획이나 꿈을 들어보자.

A. 세 가지가 있다. 우선은 폐소방호스를 소재로 한 가방 라인을 확장할 계획이다. 올해 중반에는 화재 안전 기능성 가방도 출시할 예정이다.

두 번째로는 안전하고 예쁜 디자인의 소화기 제품을 계속해서 선보이려고 한다. 제품 속에 소방의 진정한 의미와 안전의 메시지를 담아 스타일리시한 제품들을 출시할 계획이다. 마지막으로 올해는 안정적인 수익구조가 만들어질 수 있도록, 그래서 평생 이 일만 할 수 있도록 더욱 사업에 매진할 계획이다.

오늘 바쁜 시간을 쪼개서 인터뷰에 응해주셔서 감사하다. 앞으로도 이규동 대표의 건승을 기원한다.

파이어마커스 이규동 대표는 신개념 '소방 크리에이터'다. 소방관 아버지의 영향을 받아 소방정신을 더 많은 사람과 나누고 소방의 이미지를 새로운 각도에서 제시해 소방관을 위한 비즈니스 모델을 만들어가고자 한다. 그동안 스토리펀딩과 제품 판매 수익금의 일부를 '국민의 안전 버팀목' 소방관들에게 돌려주고 있는 그의 소방사랑은 그래서 더 의미가 각별하다.

[이건이 만난 사람 – 인물인터뷰 6, 2017년 2월 1일]

멈춘 심장 다시 뛰게 한 '구급덕후' 소방관

_경기도 오산소방서 박윤택 소방관

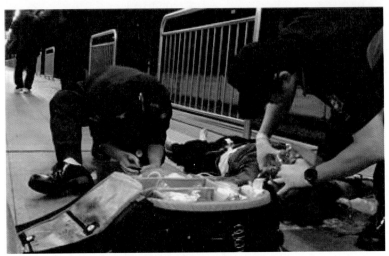

구급대원 박윤택 소방교(왼쪽)가 동료 구급대원과 함께
저혈당 쇼크로 쓰러진 환자를 응급처치하고 있다.

    소방서에서 가장 바쁜 사람을 꼽으라고 한다면 구급대원이란 말에 이의를 제기할 사람은 아무도 없을 것이다.

    구급대원이 되기 위해서는 오랜 시간 교육과 훈련을 받아야 하며, 국가 자격시험에도 합격해야 비로소 구급차에 몸을 싣고 시민 곁으로 달려갈 수 있다. 1분 1초를 아끼기 위해 달리고 또 달리는 그들은 현장의 최일선에서 사람을 살리는 전문가다.

하지만 시도 때도 없이 울리는 출동 소리에 식사를 거르는 일은 다반사고, 심지어 현장에서는 개념 없는 사람들로부터 심한 욕설과 폭행을 당하는 경우도 많아 "내가 이러려고 구급대원이 되었나?" 하는 자괴감이 들 때도 많다.

그래서 119 구급대원은 아무나 할 수도 없고, 또 아무나 해서도 안 되는 일이다. 그만큼 고도의 전문성과 높은 수준의 헌신이 요구되는 직업이기 때문이다.

소방에 입문한 지 올해로 11년 차가 된 '구급덕후' 박윤택 소방관을 지난 15일 경기도 오산소방서에서 만났다. 그를 통해 구급대원으로서의 보람, 사람을 살리기 위해 1초마저도 아껴가며 살아가는 그의 꿈과 비전에 관한 이야기들을 들어보았다.

구급과의 운명적 만남

Q. 만나서 반갑다. 맨 처음 소방에 입문한 것은 언제인가?
A. 2006년 12월부터 소방과 인연을 맺게 됐다.

Q. 그동안의 경력에 대해 간단한 소개 부탁드린다.
A. 소방에 입문한 뒤 처음 8년 동안은 구급대원으로 현장에서 근무했고, 3년 전부터는 구급 행정 업무를 맡아서 근무하고 있다.

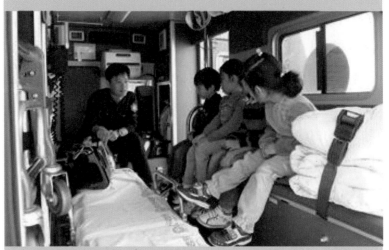

구급대원 박윤택 소방교가 소방서를 방문한 어린이들에게 구급 장비를 소개하고 있다.

Q. 구급대원으로서 현장과 행정을 두루 거쳤다. 현장과 행정 간의 괴리감은 없는가?

A. 구급 행정 업무를 보면서도 현장 감각을 잃지 않기 위해 틈틈이 구급차를 타고 구급대원들과 함께 출동하고 있다. 현장을 자주 나가봐야 현장에서의 문제점을 알 수 있고, 향후 개선해야 할 부분들을 정책에 효과적으로 반영할 수 있기 때문이다.

Q. 외래 교관으로도 활동하고 있다고 들었다. 어디서 누구를 가르치는 건가?

A. 2011년부터 경기도 소방학교에서 신임 소방공무원들과 2급 응급구조사 양성반에서 구급 분야에 대해 강의하고 있다.

Q. 마산대학교에서 응급구조학과 물리치료학을 전공한 뒤 병원에서 5년 동안 응급구조사로 근무했다고 들었다. 어떤 계기로 소방관이 된 건가?

A. 학교에서 공부할 때도 그랬고, 또 졸업 후 병원에서 응급구조사로 근무할 때도 느낀 점이지만 환자를 위한 진정한 골든타임은 병원에 도착하기 전 단계라고 생각했다. 119 구급대원이 이런 상황에 가장 적합한 사람이라고 판단돼 소방관으로 이직하게 됐다.

'구급덕후'의 사람 살리는 이야기

지난해 5월 박윤택 소방관이 '한국형 병원 전 시나리오'
출판 기념회에서 12명의 공동 저자와 함께 기념촬영을 하고 있다.

Q. 구급 업무는 다른 분야에 비해 힘들고 스트레스도 많은 업무다. 어떤 애로사항이 있는가?

A. 우선 낮과 밤이 불규칙한 교대 근무를 1순위로 꼽을 수 있겠다. 또 대부분의 구급대원이 느끼는 거지만 술에 취한 사람들로부터의 욕설과 폭행, 장난 전화, 그리고 소방차가 지나가도 길을 비켜주지 않는 상황들이 애로사항이다.

지난해 5월 출간된 '한국형 병원 전 시나리오' 현직 소방관들이 대거 참여해 공동집필한 이 책은 한국 특성에 맞는 시나리오 제공으로 세간의 주목을 받았다.

Q. 지난해 의미 있는 책이 출간되었다고 들었다. 책에 대한 간단한 설명 부탁드린다.

A. 지난해 5월 20일 『한국형 병원 전 시나리오』(외상편, 비외상편)라는 책이 출간됐다. 총 2년 2개월이 소요되는 길고 고된 작업이었다. 그동안 외국의 사례를 소개한 책들은 많았으나 국내 구급현장의 사례를 소개한 책이 없어 힘들

게 작업했다. 이 책을 집필한 12명의 공동 저자는 대부분 현직 소방관들로 그동안 그들이 실제 현장에서 다루었던 사례와 자료들을 우리나라 현장여건에 맞게 시나리오 형식으로 묶어 출간하게 됐다.

Q. 책이 나오고 주변 반응이 어땠는지 궁금하다.

A. 페이스북을 제외하고 따로 홍보 활동을 하지는 않았다. 책이 나오고 입소문을 타면서 처음에 목표했던 800부를 훨씬 상회하는 판매가 이뤄졌다. 꼭 필요한 책을 출간해 줘서 고맙다는 주위 분들의 격려도 있었다. 이 책은 현재 6개 대학교에서 교재로 채택돼 사용되고 있다.

Q. 인세 일부를 부상한 구급대원에게 기부했다는데 어떤 사연이 있었나?

A. 책을 출간하기 전부터 공동 저자들과 약속한 일이 하나 있다. 책을 판매해서 수익이 발생하면 사회에 기부하거나 이 분야를 공부하는 학생들에게 장학금으로 전달하자고 말이다. 이번에 지원하게 된 구급대원의 경우 예전에 함께 구급 사례 연구모임에서 같이 활동했던 동료다. 그런데 불의의 사고로 힘든 치료를 받고 있다는 이야기를 듣고 인세의 일부를 기부하게 되었다.

Q. 그동안 여러 사고 현장에 출동했다. 가장 기억에 남는 출동이 있다면?

A. 현장은 항상 기쁨과 슬픔이 교차하는 곳이다. 구급대원이라면 누구나 그런 기억들이 있을 것이다. 불치병을 앓고 있던 4살 어린아이의 심장이 멈춘 것을 그 아이의 부모와 함께 살리고자 몸부림쳤던 기억이 지금도 가슴속 깊이 아픈 기억으로 남아 있다.

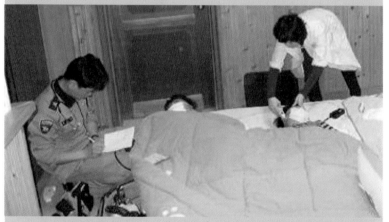

2009년 박윤택 소방관이 신종플루 현장에서 지원 활동을 하고 있다.

Q. 2013년 죽어가는 생명을 심폐소생술로 살려 '하트세이버' 인증도 받았다. '하트세이버'란 무엇이며 어떤 의미가 있는가?

A. 심장이 멈춘 환자를 구급대원이 심폐소생술을 통해서 살렸을 때 받는 일종의 훈장이다. 구급대원들에게는 자부심과 실력의 상징이라고 생각한다.

2015년 메르스 당시 박윤택 소방관이 구급대원 감염방지 교육을 진행하고 있다.

Q. 2009년과 2015년에 신종플루와 메르스 현장에서도 활약했다. 그 당시 구급대원의 보건과 안전이 염려된다는 우려가 컸다. 현장 활동을 할 때 어떤 부분들이 지원되어야 한다고 생각하는가?

A. 구급대원으로 근무하는 동안 두 차례의 감염병 사태를 겪었다. 그 당시 소방과 보건복지부 간의 소통이 원활하지 못해 현장에서 고충이 많았다. 신속하지 못한 상황 전파와 지역 보건소와의 사무분장에서도 다소 혼선이 있었다. 다행히 지난해 구조구급에 관한 법률 개정으로 지역 병원, 보건소와의 정보 전달 체계가 구축돼 현장대응을 하는 데 큰

도움이 되고 있다. 신속하고 정확한 정보는 구급대원들이 개인보호장구를 포함해 철저한 출동 대비를 할 수 있도록 해주는 중요한 요소다.

구급대원은 사람을 살리는 전문가

지난해 8월 박윤택 소방관이 서울에서 개최된
'EMS ASIA 2016'에 참석해 동료들과 기념촬영을 하고 있다.

Q. 지난해 아시아 응급구조사 학회 및 다양한 세미나에 참여하는 등 연구에 열정이 많은 것 같다. 언제까지 공부할 계획인가?

A. 아마도 퇴직하는 그날까지 계속되어야 하지 않을까?(웃음)

Q. 구급대원을 가르치면서 후배에게 정맥주사 연습을 하라며 자신의 팔을 내밀었다는 에피소드도 들었다. 무슨 내용인가?

A. 소방학교에 입교했던 한 신임 소방관과의 이야기다. 구급대원에게 있어서 중증 환자를 만났을 때 정맥로 확보는 필요한 처치 중 하나인데, 유독 그 후배는 정맥주사를 놓는 데 많이 힘들어했다. 그래서 충분히 숙달될 때까지 연습하라며 내 팔을 제공했던 적이 있다. 지금은 하트세이버를 두 차례나 받은 유능한 구급대원으로 성장했다.

Q. 구급 업무 향상을 위해 구급대원들이 노력해야 하는 부분과 정부의 역할에 대해 조언을 해 주신다면?

A. 구급대원 스스로 업무의 질을 높이기 위해 계속 노력해야 한다. 사실 구급 분야는 연구해야 할 부분이 무궁무진하다. 국가 차원에서는 구급대원 인력 충원이 필요하다고 생각한다.

Q. 평상시 구급대원과 병원(특히 의사)과의 협업이라든지 의사소통은 어떤 편인가?

A. 스마트 의료지도를 통해 꾸준히 협업하고 소통하고 있다. 스마트폰의 영상통화 기능을 이용해 의사로부터 의료지도를 받으면서 현장에서 선제적으로 응급처치를 하고 있

다. 그 결과, 소생률이 상승하고 있다는 점은 매우 고무적이라고 할 수 있다. 소생률이 높다는 미국의 애리조나에 버금가는 수준이 될 수 있도록 계속 노력할 것이다.

Q. 구급차를 '무료 택시'로 생각하는 사람들, 구급대원에게 욕설하고 폭행하는 사람들 때문에 많은 구급대원이 지쳐가고 있다. 시민들에게 특별히 당부하고 싶은 말씀이 있다면?
A. 길거리에 지나가는 구급차가 우리 모두를 위한 것으로 생각해 주셨으면 좋겠다. 구급대원은 누군가에게 가장 소중한 사람의 생명을 살리기 위해 노력하는 사람들이다. 욕설과 폭행보다는 격려와 응원이 필요하다.

Q. 'P-EMS(병원 전 사례연구 모임)'란 연구회 활동도 하고 있는 것으로 안다. 어떤 모임인지 소개해 달라.
A. 한 달에 한 번씩 모여서 구급현장에서 있었던 사례들을 발표하고 같이 고민하는 연구모임이다. 바쁜 일정에도 불구하고 참석해서 조언을 아끼지 않는 응급의학과 최덕수 선생님과 회원들이 지난 2011년부터 모임을 계속해서 이어오고 있고, 매년 사례집도 발간하고 있다.

Q. 이 시간 수고하고 있을 전국의 구급대원들에게 한 말씀 해주신다면?

A. 지난 10년을 돌이켜보면 119 구급대는 비약적인 발전을 해 왔고 또 앞으로도 더 많은 발전을 해나갈 것으로 생각한다. 전문소생술을 위한 응급구조사 업무 범위 확대와 역할을 앞두고 여러 가지로 많은 준비가 필요하다. 앞으로도 구급대원들 간에 많은 연구와 정보 공유가 있었으면 좋겠다.

Q. 마지막으로 박윤택 소방관의 계획이나 목표를 들어보자.
A. 공부를 더 많이 해 보고 싶다. (미소) 우리나라에는 아직 현장에서 구급활동을 하는 사람들을 위한 연구학회가 없다. 향후 이런 학회가 만들어진다면 적극적으로 참여해 구급대원의 수준을 상향 평준화시키고 최적화된 현장 활동을 만들어 가고 싶은 것이 꿈이다.

오늘 바쁜 시간을 쪼개서 인터뷰에 응해주셔서 감사하다. 앞으로도 박윤택 소방관의 건승을 기원한다.
박윤택 소방교는 올해로 11년 차 소방관이다. 구급 분야 전문가로 관련 분야에 대한 강의와 저술 활동도 병행하고 있다. 현장에 답이 있다고 믿는 그는 현장의 목소리가 정책에 더 많이 반영되어야 한다고 믿는 진정한 '현장덕후'다.

[이건이 만난 사람 – 인물인터뷰 7, 2017년 2월 15일]

안전한 대한민국을 만들어 가는데
작은 보탬이 되길 바라며

인류가 탄생한 이후 수없이 많은 사람이 의미 없는 일들로 다쳤거나 목숨을 잃었다. 이는 안전에 대해 무지했거나 혹은 알면서도 실천하지 않은 원인이 대부분이다.

안전한 사회는 어느 한 사람의 노력만으로는 결코 이루어질 수 없는 일이다. 하지만 사회 구성원들 모두가 마치 잘 맞물려 돌아가는 톱니바퀴처럼 안전이라는 소중한 가치를 끊임없이 추구하려는 상생의 노력을 통하여 어느 정도 완성될 수 있다고 본다.

이 책은 지난 1년 동안 오마이뉴스에 연재되었던 소방 칼럼『이건의 재미있는 미국소방이야기』와 각종 인터뷰 기사들을 엮어 재구성한 것이다.

이 책은 수많은 재난 속에서도 어려움을 이기고 우뚝 성장한 미국소방의 이야기를 담고 있다. 또한, 미국인들의 안전을 향한 끊임없는 투자와 노력이 어떻게 선한 열매를 맺고 있는지도 우리에게 보여주고 있다.

부디 이 책이 안전한 대한민국을 만들어 가는데 작은 보탬이 되길 바라며 사람을 살리는 전문가인 소방인들이 행복하게 자신의 소임을 완수해 나갈 수 있도록 많은 분의 지속적인 응원을 부탁드린다.